Hermann Friedrich Jellinghaus

Zur Einteilung der niederdeutschen Mundarten

Hermann Friedrich Jellinghaus

Zur Einteilung der niederdeutschen Mundarten

ISBN/EAN: 9783743610507

Hergestellt in Europa, USA, Kanada, Australien, Japan

Cover: Foto ©Andreas Hilbeck / pixelio.de

Manufactured and distributed by brebook publishing software
(www.brebook.com)

Hermann Friedrich Jellinghaus

Zur Einteilung der niederdeutschen Mundarten

Zur Einteilung

der

niederdeutschen Mundarten.

Ein Versuch

von

Hermann Jellinghaus.

Kiel.

Verlag von Lipsius & Tischer.

1884.

Vorwort.

Seit langer Zeit sind die Freunde der deutschen Dialektforschung darin einig, dass es auf diesem Gebiete vor Allem darauf ankommt, möglichst viele Beschreibungen einzelner Mundarten nach Laut, Form und Wortschatz zu erhalten. „Erst dann, wenn von allen Hauptformen unserer so unendlich mannigfaltigen Mundarten vollkommen zuverlässige, streng wissenschaftliche Bearbeitungen vorliegen, lässt sich weiter schreiten zu einer stichhaltigen Anordnung derselben, zu einem natürlichen Systeme der deutschen Mundarten" (Schleicher).

Es lässt sich aber voraussagen, dass wenn die wissenschaftliche Bearbeitung unserer Mundarten so langsam fortschreitet wie bisher, viele von ihnen wichtige Eigentümlichkeiten einbüssen werden, ehe sie zur Untersuchung kommen.

Ich habe den Versuch gemacht, sowohl aus mundartlichen Schriften, als aus zerstreuten Abhandlungen und Aufsätzen dasjenige zusammenzustellen, was für die Bestimmung der Merkmale der einzelnen Dialekte irgend brauchbar war, um so durch Hervorhebung der wichtigeren Gesichtspunkte anderen die Erforschung ihrer heimatlichen Sprache zu erleichtern. Da wir von vielen Mundarten gar nichts, von anderen wenig wissen, so konnte meine Absicht nicht sein, eine wissenschaftliche Klassification der niederdeutschen Mundarten schon fertig vorzulegen, sondern eine solche anzubahnen. Manche

I *

IV

Einzelheit wird von kundiger Seite berichtigt werden
können. Aber in Bezug auf eine Anzahl der wichtigsten
Unterscheidungsmomente glaube ich auf dem rechten
Wege zu sein. Selbstverständlich durfte ich nicht daran
denken, die von mir aufgestellten Dialektgruppen genau
abgrenzen zu wollen. Erst nachdem Einzeldarstellungen
in genügender Zahl vorhanden, werden Lokalkundige
durch Hören an Ort und Stelle die Scheidelinien fest-
stellen können.

Gern hätte ich wenigstens eine Grenze zwischen
den niederdeutschen Mundarten an der Nordsee einerseits und den „fälischen“ Mundarten andrerseits genauer
bestimmt, die zwischen den Formen *unf', uns* und *üse,
us*. Dass die meklenburgisch-pommersch-märkischen Mundarten *unf'* und *uns* haben, mag aus der starken Bei-
mischung holländischer, fränkischer und thüringischer
Kolonisten erklärt werden können. Dass aber die Mundarten von Ostfriesland der Küste entlang bis zur Eider
unf', uns sprechen, muss auf einem sehr alten Unterschiede zwischen den fälischen und den Nordsee-Stämmen
beruhen.

Ganz bei Seite gelassen habe ich die flämischen und
holländischen Dialekte. Dies wird jeder billigen, welcher
weiss, wie schwierig es für einen Deutschen ist, die in
holländischer Orthographie fixierten Laute richtig auf-
zufassen. Ebenso habe ich die friesische Mundart des
Saterlandes übergangen, wiewohl es wahrscheinlich ist,
dass die einst in der Westhälfte der norddeutschen Tief-
ebene gesprochene Sprache dem Friesischen und Westfälischen näher gestanden hat, als dem heutigen Niedersächsischen.

Meine Orthographie ist im Wesentlichen dieselbe,
welche ich in der „Ravensbergischen Grammatik“ an-
wante. Ich habe mir dieselbe damals nach den Ratschlägen
in Rumpelts System der Sprachlaute und nach Fr.

Woestes älteren Aufsätzen gebildet. Ein horizontaler Strich über einem einfachen Vokale bedeutet einen ursprünglich kurzen, jetzt tonlangen, ein Circumflex einen schon im Altdeutschen langen Vokal. Wenn zwei kurze Vokale ohne weitere Zeichen zusammenstehen, z. B. ie oder oa, so sind beide gleichwertig und kurz hintereinander auszusprechen. Das å hat den Laut des englischen o in *not* = nicht, das ä ist das englische u in *but* = aber. Das ā̈ bedeutet die Länge zu diesem englischen Laute. Das ä und â bezeichnet den Laut, welchen die Engländer in *all* = all, *to call* = nennen und die Schweden in *måne* = Mond sprechen.

Es war zuerst meine Absicht diese Orthographie auch auf die Beispielsammlungen aus den einzelnen Dialekten auszudehnen. Ich habe dann doch die in den Dialekt-Grammatiken und Proben vorgefundenen Lautzeichen in der Regel stehen lassen. Erstens war ich nicht überall sicher, welche Nuance des Lautes der Schreiber gemeint hatte. Zweitens hätte man mir anderufalls einwenden können, ich hätte die Laute in den von mir angesetzten Mundartenkreisen künstlich einander angeglichen. Und endlich ist dem Leser so die Möglichkeit geboten zu sehen, durch welche Zeichen ein Laut in den verschiedenen Mundarten dargestellt zu werden pflegt.

In das Literaturverzeichnis habe ich nur diejenigen Abhandlungen und Dialektproben aufgenommen, welche sich für die Untersuchung direkt brauchbar erwiesen. Manche nützliche mundartliche Schrift, die in einer abgelegenen Buchhandlung erschien, wird mir entgangen sein, von den oft recht lehrreichen plattdeutschen Artikeln in Lokalzeitungen ganz zu schweigen.

Nicht erwähnt habe ich bekannte Wörterbücher (wie die von ten Doornkaat, Danneil, Schambach, Woeste). Auch nicht die einzelnen Aufsätze und Proben in From-

manns Mundarten, im Korrespondenzblatt des Vereins
für niederdeutsche Sprachforschung, in J. Winklers
„Algemeen Nederduitsch Idioticon", in der Gebrüder
Leopold „Van der Schelde tot de Weichsel". Firmenichs
„Völkerstimmen" habe ich gar nicht benutzt. Überhaupt
glaube ich, alle Versuche, ein für philologische Zwecke
brauchbares Dialektikon in der Weise zu schaffen, dass
der Sammler eine Menge ihm persönlich unbekannter
Leute zu Beiträgen heranzieht, müssen mehr oder weniger
misslingen. Auch der ungewanteste Dialektschriftsteller
wird im Laufe einer Schrift sein Verhältnis zur lebendigen
Sprache, eine dauernde bestimmte Auffassung ihrer Laute
irgendwie zu erkennen geben: dagegen wird jemand,
der sonst nie in der Mundart schrieb und nun ad hoc für
einen andern eine Probe zu Papier bringt, wenn er
überhaupt phonetisch zu schreiben sich bemüht, so sehr
der Auffassung des Augenblicks folgen, dass er schon
nach kurzer Zeit eine zweite Probe ganz anders schreiben
würde.

Die angefügte Wörtersammlung trägt aus meist abgelegenen Schriften solche Idiotismen zusammen, die mir
im Verhältnis zu andern Mundarten eine gewisse Bedeutung zu haben schienen.

Den Herren Redakteur Abels in Münster, Direktor
Dr. Krause in Rostock, Gymnasiallehrer Oesterhaus in
Detmold, Professor Dr. Seitz in Itzehoe und Gymnasial-
lehrer Dr. Sprenger in Northeim, welche mir brieflich
Auskunft über einzelne Mundarten schenkten, sage ich
meinen besten Dank.

Segeberg in Holstein, im October 1883.

H. Jellinghaus.

Literatur.

J. H. Behrns. Over de Twenthsche Vocalen in de Jagers „Taalkundig Magazijn" 3. deel.

Sammlung der Niederdeutschen Mundarten in Pommern. Baltische Studien II, 1—34 (von W. Böhmer) 1833.

Bolland. Het Dialect der Stad Groningen. Taalkundige Bijdragen II, 278—301.

J. Brinkmann. Kasper-Ohm un ik. Rostock 1877. 315 S.

H. Carstens. Dat Boddermåken. Stapelholmer Mundart. Ndd. Jahrbuch IV, 87—88.

H. Carstens. Dat Broudbakk'n. Mundart von Lunden in Ditmarschen. Ndd. Jahrbuch V, 121—122.

H. Carstens, Dei Hau-årn. Mundart von Delve in Ditmarschen. Ndd. Jahrbuch V. 119—120.

L. Curtze, Volksüberlieferungen aus dem Fürstenthum Waldeck. Arolsen 1860. 8°. 518 S.

Dialekt von Dalfsen in Oberyssel. Taalkundige Bijdragen I. 280—285.

F. Drosihn. Volksrätsel aus Hinterpommern. Zeitschrift f. deutsche Philologie V, 146 ff.

F. Eggers, Tremsen. Breslau 1875. 8°. 386 S.

A. Engelien. der Volksmund in der Mark Brandenburg. Berlin 1868. 8°. 285 S.

J. H. Gallée. Woordenlijst van de Taal, welke in de Saksische streken van Nederland gesproken wordt. Onze Volkstaal I, 112—128 u. 150—161.

Geerling, die Clevische Volksmundart. Wesel 1841. 48 S. Programm.

Geldersche Taal. Geldersche Volksalmanak 1835 s. 68—80.

Gerratz, 'n Ternöster vull Spafs. Münster 1866. 8⁰. 144 S.

F. Giese, Frans Essink. Münster 1875. 8⁰. 216 S.

Chr. Gilow, Leitfaden zur plattdeutschen Sprache mit besonderer Berücksichtigung der südwestlichen vorpommerschen Mundart. Anclam 1868. 8⁰. 115 S.

Gläbäker Letsches on Stökskes. M.-Gladbach 1877. 127 S.

Grimme, Schwänke und Gedichte in sauerländischer Mundart. 5. Auflage. Paderborn 1872. 8⁰. 207 S. Sowie dessen: „Grain Tuig", „Galautryi-Waar'", „de Koppelschmid" und „de Kumpelmäntenmaker".

Het Dialect der Groninger Veenkoloniën. Noord en Zuid III, 369—384.

Kl. Groth. Quickborn. Mit dem Glossar von Müllenhoff. Berlin 1873.

Halbertsma, Overysselsch Woordenboekje. Overysselsch Almanak von 1836 s. 184 ff.

vam Hingberg, Ut auler un neier Tied. Leipzig 1873.

J. Hobbing, die Laute der Mundart von Greetsiel. Emden 1879. 4⁰. 26 S. Programm des Progymnasiums in Nienburg.

A. Höfer, das Verbum der Mundart Neuvorpommerns. Zeitschrift für die Wissenschaft der Sprache I, 379 bis 392.

Houcamp, die Vokale und Konsonanten der westfälischen Mundart. Herrigs Archiv f. d. Studium d. neueren Sprachen B. IV, 157 ff. und XVII, 371 ff.

Humpert. Über den sauerländischen Dialekt im Hönne-Thale. Bonn 1876. 4°. 47 S. u. 1878. 35 S. Programme.

H. Jellinghaus. Westfälische Grammatik. Bremen 1877. 8°. 156 S.

J. Kemper, der Bonenjäger. Münster 1881. 8°. 52 S.

J. G. Klöntrup, Osnabrückisches Wörterbuch. (Handschrift.)

H. Köhler, Dat Flas. Lüneburger Mundart. Ndd. Jahrbuch IV, 160—161.

F. Koch, die Laute der Werdener Mundart. Aachen 1879. 4°. 28 S. Programm.

H. Köppen, Verzeichnis der Idiotismen in Dortmund und dessen Umgegend. Dortmund 1877. 8°. 67 S.

Mundart um Krempe. Schleswig-Holsteinsche Provincialberichte von 1797 Bd. I s. 33—37.

A. Kuhn, Proben niederdeutscher Mundarten. Germania V. 246 ff.

E. Krüger, Übersicht der Plattdeutschen Sprache. Emden 1843. 8°. 72 S.

Lehmann, die Volksmundarten in der Provinz Preussen. Preussische Provincialblätter Band 27 (1842) s. 5 bis 63. Dazu ebendort s. 193—209: **Lilienthal**, Ein Beitrag zu der Abhandlung „die Volksmundarten in der Provinz Preussen".

Lyra. Plattdeutsche Briefe. Osnabrück 1856. 8°. 264 S.

Locales und Provincielles in Plattdeutschen Reimen. Münster 1845. 8°. 34 S.

A. Müller, Plattdeutsche Gedichte. Hagen 1876. 8°. 77 S.

J. Mussaeus, Versuch einer plattdeutschen Sprachlehre der meklenburgischen Mundart. Neu-Strelitz 1829. 8°.

K. Nerger, Grammatik des meklenburgischen Dialektes. Leipzig 1869. 8°. 194 S.

X

Ut't Dörp, van'n oll'n Nümärker (Löffler). Jena
1868. 8 ". 347 S.

W. Oesterhaus, Iuse Platt, Gedichte (in lippischer
Mundart). Detmold 1882. 8 ". 96 S.

J. Onnekes. Groningsch Dialect (voorn. in Hunsingoo).
Over de Klinkers en Medeklinkers. Onze Volkstaal
II. 53—72.

Overijselsch Dialect (Rijssen). Noord en Zuid I,
136—138 und 215—218.

Närsk Tuig, iut em Patterbürnsken. Werl. 36 S.
„Nin lustert mol". Erzählungen im Paderborner
Dialect Bd. I—III. Celle 1877—78.

J. Pape, Iut 'm Siuerlanne. Paderborn 1878. 8 ⁰.
214 S.

N. M. Petersen, Fabeln etc. in Angeler Mundart.
Dresden 1865. 176 S. gr. 16 ⁰.

Piening, Snacken un Snurren in (süder)-ditmarscher
Mundart. Hamburg 1858. 8 ". 325 S.

Postel, En Peardeleaven, uut den Achterhook. Geldersche Volksalmanak 1865 s. 119—133.

Sprache der Probsteier in den Schl.-Holst. Provincial-
berichten von 1813 s. 17—26.

A. Rieke, Schnurrige Geschichten. Münster 1865.
8 ⁰. 105 S.

J. G. C. Ritter, Grammatik der meklenburgisch-platt-
deutschen Mundart. Rostock 1832.

H. Röttsches, Die Krefelder Mundart in Frommanns
Mundarten Bd. VII, s. 36--91.

Rubehn, Idioticon des Oderbruchs. Mittheilungen des
hist. Vereins zu Frankfurt a O. 1873. Heft 11 s. 49
bis 64.

Fritz Schwerin, der Altmärker. Sprichwörter auf alt-
märkische Manier ausgelegt. Neuhaldensleben. 8 ⁰.
198 S.

W. Schulze, der Vokalismus der westfälisch-märkischen Mundart. Rübels Beiträge zur Geschichte Dortmunds II. 1—80.

H. Sohnrey, Mâreken von der Weper. Ndd. Jahrbuch VIII. 106 f.

J. Spee, Volkstümliches vom Niederrhein. Köln 1875.

J. Spee, Der Flachs. Aus den Kr. Geldern und Kempen. Ndd. Jahrbuch III, 152—155.

G. Stier, die Abgrenzung der Mundarten im Kurkreise. Programm des Gymnasiums zu Wittenberg 1862. 20 S. Mit einer Karte.

P. Trede. Klaas vun Brochdörp, in der Wilstermarsch-Mundart. 12". 100 S. Hamburg 1856.

Dialect van Twello bij Deventer. Noord en Zuid III. 173—175.

G. Ungt. Twee Geschichten in Mönstersk Platt. Münster 1861. 8". 171 S.

Vorbrodt. En bettchen wat Spalsiges ut de Watertid 1876. Böre-plattdütsch vortellt. Schönnebeck. 8". 16 S.

Wegner, Zur Charakteristik der niederdeutschen Dialekte, besonders auf dem Boden des Nordthüringergaus. Geschichtsbl. für Magdeburg. Bd. XIII. 1 bis 30 und 167—177.

Fr. Winter. Sprachgrenze zwischen Platt- und Mitteldeutsch im Süden von Jüterbogk. Historisch-antiquarische Forschungen des Thüringisch-Sächsischen Vereins Bd. IX. 1—21.

Winter. Die Volkssprache in der Landschaft am Zusammenfluss der Bode, Saale und Elbe. Geschichtsblätter für Magdeburg IX. 97—121.

F. Woeste. Die Vokale und Konsonanten der ndd. Mundart der Kreise Iserlohn und Altena. Kuhns Zeitschrift Bd. II. s. 81 ff. und 190 ff., Bd. IV. 131 ff.

F. W o e s t e , Proben westfälischer Mundarten in
v. d. Hagens Germania Bd. IX, 284 ff. u. X und
in der Zeitschrift für deutsche Mythologie Bd. III.

F. W o e s t e, Volksüberlieferungen in der Grafschaft
Mark. Iserlohn 1848. 8 ". 112 S.

Zu m b r o o c k , Poetische Versuche in westfälischer Mundart. 4 Bände. Münster 1860—1875. 8 ".

Übersicht.

Ravensberg. Einzelheiten: 1. Westfälische Ostgrenze. 2. Ostwestfälische (engrische) Mundart.
3. Westliche Mundart.

Bemerkungen zu I—V. § 8.

B. In den Kolonien.

VI. Die meklenburgisch - vorpommerschen Mundarten.
§ 9.

a) Mnd. ê und ô vor r, b) ö statt ä, c) Got. ô,
d) Mnd. ê, e) smid-smēd', schipp-schēp'.

VII. Die hinterpommersch-preussischen Mundarten. § 10.
a) Got. ô, b) Got. au, c) Mnd. ê, d) Altes î,
e) i statt ü, f) ö statt ü.

VIII. Die Grenzmundarten in den Provinzen Brandenburg
und Sachsen. § 11.
a) uo = got. ô, b) i statt ü, c) ê statt ô.

Konsonanten und Formen. § 12—19.

A. Im Stammlande.

I. Niederrheinische Mundarten. § 12.
a) j und g, ch vor t. sch, auslautendes n, nd zu
nᵍ u. nᵏ, ik koste, dw = tw, olt zu ôt, b) Endungs-e. Plural des Praesens, Particip, uns und
us, ink, it.

II. Sächsisch-Niederländische Mundarten. § 13.
a) s u. ſ, s-ch, -ken u. -je, sk zu s, dw = tw, w
zu b. b) Endungs-e. unser, Plural des Praesens,
Particip, wi bint.

III. Die Sprache der Nordseeküste. § 14.
s und ſ. sch, aspiriertes p und t, Erweichung
von p. t und ch. Abwerfung von g und t, wr,
dw = tw, nd = nᵍ. fewer = Käfer, b) Endungs-e,
unfe und ûfe, -ed im Neutrum des Adjektivs, ik
full. wi bint.

XV

Zu § 7. Vokale um Büren in Westfalen. Mnd. e und
ŏ in der Mundart um Detmold.

Zu § 8. Umlaut zu å̊ = as. â.

Zu § 9. Mnd. ē in den Marken. Vokale in der Priegnitz und Ukermark.

Zu § 10. Vokale zu Carzin im Kreise Stolp. — Vokale
der ndd. Mundarten in Preussen: a) Gotisches ô,
b) got. au, c) Altes î, d) Altes û, e) Mittelniederdeutsches ē, f) Mittelniederdeutsches ō, g) ohld und
öld, h) Eintreten von i für ü, i) Eintreten von ê statt
ô, k) o und ö statt u, l) o zu a, m) ö statt ĕ und ĭ,
n) Altes a = westfälischem tonlangen ā, o) Altes â.

Zu § 11. Vokale in Schmarfendorf in der Neumark
und im Oderbruch. — Vokale im Teltow und im
Kreise Zauch-Belzig.

Zu § 13. Konsonanten an der mittleren Ems.

Zu § 14. Konsonanten und Formen in Ostfriesland.

Zu § 15. Konsonanten in der Altmark und im Nord-
thüringgau. Auslautendes e in der Altmark und im
Magdeburgischen. Use und üsch zwischen Elbe und
Leine.

Zu § 17. Tonloses e in der Alt- und Mittelmark. Konsonanten in der Priegnitz und Ukermark.

Zu § 18. Konsonanten im Kreise Stolp. Konsonanten
und Formen in Preussen. „Breslauisch" und „Käslauisch".

Zu § 19. Inlautendes g im Süden der Provinz Brandenburg. Konsonanten im Teltow und im Kreise Zauch-
Belzig.

Zu „bodden" s. 55.

§ 1. *Wenn man von den westfälischen Dialekten, welche allen übrigen niederdeutschen gänzlich eigenartig gegenüberstehen, ausgeht, so wird man die Mundarten nördlich der bekannten Linie Aachen-Düsseldorf-Olpe-Münden - Duderstadt - Aschersleben - Wittenberg - Frankfurt a O. in folgender Weise gruppiren müssen.*

A. Mundarten im Stammlande.

I. Der niederrheinische Mundartenkreis.

Dazu gehören u. A. die Mundarten von Werden und Mühlheim a. d. Ruhr. Krefeld, Mörs, M.-Gladbach, Kempen, Geldern, Kleve, Emmerich und Niederländisch Geldern.

II. Die Mundarten der sächsischen Provinzen Hollands. (Oberyssel, Grafschaft Zütphen, Drenthe und ein Teil von Groningen.)

Mit ihnen stimmen im Wesentlichen überein die Mundarten des Westrandes vom Regierungsbezirk Münster, der Gegend westlich von Haltern, Koesfeld und Ahaus und der Landschaften um Bentheim, Lingen und Meppen. Auch Vechta, Diepholz und das südliche Ostfriesland müssen hierhergezogen werden.

III. Die Sprache der Nordseeküste mit ihrem Hinterlande.

Hier u. A. die Mundarten des mittleren und nördlichen Ostfrieslands, von Jever, Oldenburg, Bremen, im Lande zwischen Unterweser und Unterelbe, von Lüneburg, Verden und Hoya. Endlich die Mundarten um Hamburg und in Holstein.

1

IV. Die Mundarten zwischen Elbe und
Weser: an der Bode, Aller, Ocker und Leine.
Hierher gehören namentlich die Mundarten westlich von
Magdeburg, um Halberstadt, Goslar, Göttingen, Hildes-
heim, Braunschweig. Hannover und Celle.

V. Die westfälischen Mundarten d. h. das
heutige Westfalen (ausschliesslich des Kreises Siegen und
der Gr. Wittgenstein) mit dem Hochstift Osnabrück, den
Fürstentümern Lippe, der hessischen Grafschaft Schaum-
burg und den Fürstentümern Pyrmont und Waldeck. Ob
die Mundart um Hofgeismar, Volkmarsen und Wolfhagen
in Hessen zu der westfälischen oder zur vierten
Gruppe gehört. vermag ich nicht anzugeben.

B. In den Kolonien.

Die plattdeutschen Dialekte nördlich der
Eider, im östlichen Holstein und um Lübeck
schliessen sich der holsteinschen Mundart an. Vgl. unter III.

VI. Die meklenburgisch-vorpommersch-
märkischen Mundarten. Hierzu gehören die Mundarten der Grossherzogtümer Meklenburg. Vorpommerns,
der Ukermark. Priegnitz und Altmark.

VII. Die hinterpommersch-preussischen
Mundarten.

VIII. Die Mundarten der Neumark und
der an das Mitteldeutsche grenzenden Gegenden südlich der Linie Berlin-Magdeburg.

Vokale.

§ 2. *Betrachten wir zunächst den Gegensatz zwischen dem
westfälischen Dialekte und allen übrigen Gruppen:*

a. In allen niederdeutschen Mundarten spricht man
måken — machen, *wåter* == Wasser, in westfälischer:
måken, wåter. Das altdeutsche kurze, jetzt tonlange ä

3

wird also im Westfälischen bloss gedehnt, in den übrigen Dialekten wird es gedehnt und als å gesprochen.

Ausnahmen: Aus der Gegend von Büren führt Woeste in den Mundarten VII, 427 an: wåter, lå̂e = Lade, swå̂ne = Schwaden. Um Lippstadt findet sich måken = machen, såke = sache.

Auf der Weper östlich vom Solling oft in ein und demselben Orte ä und å̊ (råwe und rå̊we).

Die niederrheinischen und sächsisch-niederländischen Mundarten bewahren zum Teil sicher ā. Krefeld: jāge = jagen, jā'm = Faden (Mundarten VII, 43). Werden: hāte = helfen, betāle = bezahlen (Koch s. 10). Kr. Geldern: begrawe = begraben. In ganz Twenthe nach Behrns, Over de Twenthsche Vocalen § 2—4 stets a z. B. dage, makte, fakr. Dagegen nach eben demselben schon in Groningen å.

b. Alle andern Mundarten sagen: brôd = Brod, dôd = todt, strichweise z. B. in Mühlheim a. d. Ruhr, in Ostfriesland und Ditmarschen mit Hinneigung zu ou (broud): die westfälischen brään, dään und münsterisch-osnabrückisch, sowie an der Weser braud, auge = Auge. Gotisches au ist also westfälisch äu, au, sonst überall ô (ou).

Ausnahmen. Lüdenscheid, Halver, Kierspe, Limburg a. d. Lenne, Hagen, Wetter a. d. Ruhr, alle an der Südgrenze Westfalens gelegen, sprechen ou z. B. douhd = tot, louhpen = laufen. Woeste schreibt in seinem Wörterbuche ô. Allein es ist darunter wenigstens in seiner Iserlohner Mundart äu zu verstehen. Seite 114 schreibt er „jô sprich jeäu", s. 241 „slô sprich sleäu". In seinen ältern Aufsätzen schreibt er eäu d. h. äu.

Nach Schambach spricht Göttingen-Grubenhagen â, daneben au und ô z. B. dâd, dôd, daud; brâd, brôd, braud. Jühnde bei Dransfeld å̊: chrå̊te = grosse. Auf der Weper, östlich vom Solling å̊: grå̊te = grosse, lå̊s = loss. Aber

1*

im Praet. der u-Reihe ô: *verdrót* = verdross, *króp* = kroch, schót = schoss. Über êo = got. au im südlichen Ostfriesland vgl. unter II. Über uĕ = got. au um M.-Gladbach und im Kr. Geldern vgl. unter I. Über vereinzeltes au = got. au in den Kolonien vgl. unter VI und VII.

Der Umlaut zu got. au lautet westfälisch åü. gesprochen wie hochdeutsches äu in *Bäume*. In den übrigen Mundarten lautet er ô, öi. Also *dråümen* = träumen, *låüper* = Läufer gegen *drômen*, *löper*. Dass jenes ô und dieses ô nicht überall als einfache Länge betont wird, ist bekannt. Ich wüsste aber nicht, wie man z. B. das osnabrückische ó und ô, welches der Osnabrücker Lyra mit oo und öö bezeichnet, in unsrer hochdeutschen Orthographie verdeutlichen sollte.

A u s n a h m e n. Got. au - Umlaut ist langes à in Göttingen-Grubenhagen. Schambach: *dröæmen*, *löæper*. Es ist ê in mehreren Kolonien: um Danzig, im Oderbruch, in der Mundart des Flämick. Vgl. unter VII und VIII.

c. In der Osthälfte Westfalens spricht man *brüit* = Braut. *dūsent* = tausend. Im ganzen übrigen Niederdeutschland *brūt*, *dūsent*. Und dem entsprechend *mūüse* (vielfach fälschlich *muise* geschrieben) *hūüser*. Sonst überall *de mūse*, *de mûs'*, *de hûser*.

Altes û resp. iu ist ostwestfälisch iu, sonst û. Sein Umlaut ostwestfälisch ûü, sonst û (Osnabrückisch íu und íü).

A u s n a h m e n. 1) S t a t t *ū* tritt in der Mundart von Kleve ausser vor v und w kurzes ŭ ein z. B. fûl = faul, mûl = Maul, brŭcke = brauchen (Geerling. die clevische Volksmundart s. 41). Ganz dieselbe Behandlung findet altes û in der Stadt Groningen. Bolland in T. Bijdragen II, 290 „Gron. u (û voor g, j, r, v, b, z) = oudgerm. û". Zu Dalfsen in Oberyssel ist altes û teilweise

ü z. B. *būten* = draussen. *hūs* = Haus, *slūten* = schliessen.
T. Bijdragen I, 285. Dasselbe ū constatirt Halbertsma in
Oberyssel. Um Hildesheim altes û = ön. Vgl. unter IV.
Auf der Weper östlich vom Sollinge herrscht wie in
Ostwestfalen iu (öu): *iut* = aus. *wiut* = Wut, *iuse* = unser,
mius = Maus, *hûs* = Haus, *siugen* = saugen, *liuter* = lauter,
döuern = dauern, *nöu* = nun, *bönere* = Bauer. In der
Mundart des Flämick ist altes û : *iö*. Vgl. unter VIII.
2) Statt û hat das Hildesheimsche ô-u. Vgl. unter IV.
Auf der Weper östlich vom Sollinge nü: *nuöise* = Mäuse,
kruöize = Kreuz, *wuötend* = wütend, *loie* = Leute. *duöwel*
= Teufel. Im Kolonisationsgebiete tritt hie und da î
statt û auf. Vgl. unter VI bis VIII.

d. Es heisst im östlichen Teile Westfalens *tuid*, *te-id*,
töid = Zeit, *uis*, *e-is*, *öis* = Eis, im übrigen Niederdeutschland *tîd*, *îs*. Altes î. got. ei ist dort ui. e-i,
anderswo î.

Ausnahmen. Um Hildesheim ist altes î : ei,
euⁱ (*weuiwer* = Weiber). Vgl. unter IV. Auf der Weper
östlich vom Sollinge altes î̂ = eui: *euifern* = eisern, *sseuin*
= sein, *neuilek* = neu, *beui* = bei, *sseuin* = sein, infin..
jeuif = fünf. Bei Moringen *meuin* = mein, *seuin* = sein.

e. In den meisten niederdeutschen Dialekten heisst
sprechen: *spräken*. neun: *nägen*. In Westfalen lauten
diese Worte *spriaken*, *spriäken*, *spreaken* und *niegen*. Das
gemeinniederdeutsche ä = altem ä, î und ê zerfällt hier
in die zwei scharf geschiedenen Laute *ia* und *iö*.

Ausnahmen. Am Westrande Westfalens jenseits
Haltern, Koesfeld, Ahaus und auf einem schmalen Ostrande (im Osten Lippe-Detmolds und im Waldeckschen)
tritt ê an die Stelle von ie und ia.

Über die Grenzen der westfälischen Dialekte hinaus
findet sich ein dem ia, ie ähnlicher Laut, statt ä: In

M.-Gladbach *äĕ*, im Kreise Geldern *eä*. Vgl. unter I. In Oberyssel: (Laren, Rijssen) *eä*, in Twenthe: *ie*, *äĕ*. Vgl. unter II. Am Solling „hört man hin und wieder vor *ê* einen schwachen i-Laut: das *ê* tönt dann aber kurz und wie *ë*, also *giëmen* = geben" (H. Sohnrey.) Vereinzelt in der Mundart des Flämick *eä*. Vgl. unter VIII.

f. „Gebrochen" heisst westfälisch *braaken*, *broaken*, anderswo entweder *brōken*, *brokken*, oder *bråken*. Altes *ū* (*ŏ*) ist also westfälisch ua, im übrigen Niederdeutschland *å* und *ō* (strichweise *ŏ*).

Ausnahmen: Dieselben Grenzstriche Westfalens, welche *ĕ* statt ia, ie haben, zeigen *ö* statt ua. Vgl. unter V. Um M.-Gladbach statt *ö*: *uĕ*. Vgl. unter I.

In den sächsischen Niederlanden und bei ten Doornkaat wird vielfach für *ö*, westfälisch ua: *ö* verzeichnet. Vgl. unter II.

Der Schlüssel heisst westfälisch *sluötel*, in den übrigen Mundarten *slötel*, *slöttel* oder *slätel*. Die Küche westfälisch *de kuoke*, anderswo *de köke*, *de käk*. Westfälisch *uö* und *üa* steht also anderweitigem *ö* (*ö*) und *ä* gegenüber.

Ausnahmen. Gladbach hat *üĕ*. Vgl. unter I. Das westfälische *üö* erscheint nach Behrns in Twenthe als *üe*. *üĕ*. Vgl. unter II. Am Sollinge „hört man oft vor *ö* einen schwachen ü-Laut; ebenso vor o das u" (H. Sohnrey.) Also *üöne* = ihn, *kuönt* = können, *nuomen* = genommen.

g. H. Collitz hat in seinem Vortrage auf der 6. Versammlung des Vereins für niederdeutsche Sprachforschung als eine wichtige Unterscheidung zwischen niedersächsischer und westfälischer Sprache den Umstand bezeichnet, dass letztere ein tonlanges ı und ıı habe. Allein es sind eigentlich nur die nördlichsten und östlichsten Unterdialekte Westfalens, welche diese beiden Laute sprechen.

Lippisch und Ravensbergisch *krīgel* = munter, nds. *krāgel*: *tūce* = Hündin, nds. *tāwe*; *krīft* = Krebs, nds. *krāft*. Im Ravensbergischen *de sūge* = die Sau, gegen niedersächsisches *de säg*. Bei Warburg *de jūgel* gegen nds. *de jāgel* = der Vogel. Im Innern Westfalens spricht man *suoge*, *juogel*, *kriegel*, *tiewe*, *giewel* = Giebel.

Diese Lautverhältnisse scheinen mir den tiefgreifenden Unterschied zwischen westfälischem und nichtwestfälischem Niederdeutsch ausser Frage zu stellen.

Im Folgenden soll der Vokalismus der oben aufgestellten Hauptdialekte in der Weise dargestellt werden, dass bei jedem Einzelnen diejenigen Puncte, welche ihn von seinem Nachbar unterscheiden, in den Vordergrund treten.

§ 3. I. *Die niederrheinischen Mundarten.*

a. Dasjenige alte iu, io, welches altsächsisch und mittelniederdeutsch ê ist, lautet î. Mühlheim a. d. Ruhr: *diep* = tief, *riep* = rief. Kr. Geldern: *dij* = Dieb, *he lip* = er lief. Gladbach: *liewer* = lieber. Mörs: *he rüp* = er rief, *lüp* = lief. Emmerich: *diene* = dienen. Kleve: *knie* = Knie, *fliege* = fliegen, *riet* = Ried.

Ausnahmen. Werden: *flegen* = fliegen, *lēf* = lieb. Krefeld: *dēf* = Dieb, *drēe* = drei, *frēīfe* = frieren, *jēite* = giessen.

b. M.-Gladbach hat: *duёt* = tot, *ruёde* = rote. Kr. Geldern-Kempen: *ruёt* = rot, *huёge* = hoch, *duёt* = todt. In diesen Distrikten ist also altgermanisches au : uё.

c. Altes ô ist niederrheinisch, wie in den holländischen Mundarten: û, mit dem Umlaut ü.

8

Leuth im Kr. Geldern: *dük* = Tuch, *dün* = thun, *düker* = Tücher. Emmerich: *schün* = Schuhe, *füt* = Füsse. Mörs: *güds müds* = gutes Mutes, *tü* = zu, *schuhn* = Schuhe, *füüt* = Füsse. Kleve: *blüt* = Blut, *rüpe* = rufen. (*blüm* = Blume, *hüste* = husten); *fäle* = fühlen, *grün* = grün, *süt* = süss. Lijmers in holl. Geldern: *ik slüg* = ich schlug. In M.-Gladbach vereinzeltes *uč* in *kruëne* = Krone, *muër* = Mutter, *pastuër* = Pastor; Mühlheim: *kluhke* = kluge, *duhn* = thun, (*schuale* = Schule).

Ausnahmen. Werden, Krefeld, Gladbach und meist auch die Kreise Geldern und Kempen haben sächsisches ô, ōu. Krefeld: ik *rōupe*, *blōut* = Blut; M.-Gladbach: stohl = Stuhl, *bohk* = Buch; Kr. Geldern: *de hôt* = der Hut, *de blôm* = die Blume; Kr. Kempen: *gód* = gut, *hót* = Hut. In Werden ist altes ō nach Koch s. 14 „der lange geschlossene dem u-Laute nahe liegende o-Laut". *ik grōf* = ich grub, *fōt* = Fuss. Sein Umlaut ist öe: *brōers* = Brüder, *klöeker* = klüger.

d. Westfälisches ia, ea = mnd. ê ist am Niederrhein meist ä, daneben eä, äë.

Werden: *äte* = essen, *gäl* = gelb. Krefeld: *räkene* = rechnen, *bräke* = brechen. Emmerich: *äten* = essen, *trääie* = getreten. Kleve: *bäter* = besser, *bräke* = brechen. Kr. Geldern-Kempen: *reänge* = Regen, *feäge* = fegen, *beseäten* = besessen, *meähl* = Mehl. M.-Gladbach: *güël* = gelb, *erh bräëk* = ich breche.

e. Altes e (i) = westf. ie wird ziemlich verschieden behandelt. Am häufigsten ist es ä und eä.

Werden: *läwe* = leben, *näme* = nehmen, *kläwe* = kleben, *nëvel* = Nebel, *nëge* = neun, *gëvel* = Giebel, *bēke* = Bach, *kettel* = Kessel, *leppel* = Löffel, *nettel* = Nessel, *hemmel* = Himmel. Krefeld: *bäve* = beben, *päper* = Pfeffer, *hëmel* = Himmel, *sëve* = sieben, *nëje* = neun. Kr. Kempen-

Geldern: reiäpen = riffeln, *heäkel* = Hechel, *leäpel* =
Löffel, *geäten* = gegessen, *keätel* = Kessel, *jeäger* = Jäger.
Aber *spölen* = spielen. M.-Gladbach: *siëwe* = sieben,
stiëwel = Stiefel, *verschliëte* = verschlissen, *kriëge* = gekriegt. Kleve *tägen* = gegen, *näme* = nehmen, bäker
= Becher, *päper* = Pfeffer, *schäpel* = Scheffel. Aber
spölen = spielen, völ = viel, *lönen* = lehnen. Vgl. Geerling s. 22 ff.

f. Altes o (u) = westf. ua ist niederrheinisch meist
å. Um M.-Gladbach, analog dem dortigen äe, ie = e. oë.

Werden: *kåte* = Kathe, *låwe* = loben, *åpe* = offen,
båm = Boden, *låk* = Loch. Im Umlaut *kåter* = Küthner.
(Koch s. 14.) Krefeld: *kåke* = kochen, *kål* = Kohle, *åpe*
= offen. Kr. Geldern-Kempen: *potte* = setzen, *hous* =
Strumpf, *bouven* = oben, *bestouven* = bestäubt, *kouke*
= kochen. Kleve: *kål* = Kohle, *båg* = Bogen, *håpe* =
hoffen, *hås* = Strumpf, *knåk* = Knochen, *kåke* = kochen
(Geerling s. 28). M.-Gladbach: *versoëpe* = versoffen, *bouwen*
= oben, *hoëpnung* = Hoffnung, *gewoëge* = gewogen.

Wenig Sicheres liess sich über den Umlaut zu altem
o (u) eruiren. In M.-Gladbach lautet das o (u) im Umlaut *üe:* de *müële* = die Mühle, westf. *müöle*, de *sprükwöeter*
= die Sprichwörter, *düër* = durch, *üewer* = über, westf.
üawer. Werden und Kleve haben ö. Koch s. 15: *de*
bön = die Bühne, *de schlötel* = der Schlüssel, *de tögel*
= der Zügel. Geerling s. 37: *de bögel, flögel, schlötel, de*
kök = die Küche, *de möl* = die Mühle, *de jögd* = die
Jugend, *de dögd* = die Tugend (*können* = können, *möggen*
= mögen).

g. Für alle niederrheinischen Mundarten ist karakte-
ristisch die auch im Holländischen auftretende Neigung,
für sonstiges hoch- und niederdeutsches ī und ū und ü
in geschlossener Silbe ĕ und ŏ, ŏ-n und ŏ zu wählen.

better = bitter, *senge* = singen, *lecht* = leicht, *wet* = weiss, *wenter* = Winter, *medde* = Mitte, *geſt* = Gift, *schemmel* = Schimmel, *brell* = Brille, *jenge* = finden (*spänne* = spinnen): *krom* = krumm, *op* = auf, *bo-nnte* = bunte, *koump* = Kump, *hound* = Hund, *tonn* = Tonne, *sonn* = Sonne (ndd. ü), *hunger*, *hänger* = Hunger, jäng = jung. *gesonge* = gesungen, *ronk* = rund, *pâlver* = Pulver. Kleve: *kröck* = Krücke, *kössen* = küssen, *löst* = Lust, *hölp* = Hülfe, *schlöngel* = Schlingel. Kr. Geldern: *brück* = Brücke, *kösse* = Kissen, *plöckt* = pflückt: *täsche* = zwischen, *ämmer* = immer (ndd. *ämmer*).

h. Eine Lautveränderung, welche sonst nur an wenigen einzelnen Orten auftritt, z. B. im Lüneburger und Hamburger Hochdeutsch (Ndd. Korrespbl. IV, 83), ist im niederrheinischen Gebiete recht zu Hause: Altes kurzes a vor r wird ä gesprochen. Kr. Geldern-Kempen: *ärm* = arm, *wärm* = warm (auch *gemäckt* = gemacht). M.-Gladbach: *ärm* = arm, *mäckt* = macht. Krefeld: *ärbet* = Arbeit, *ärem* = arm, *ärej* = arg. Kleve: *stärk* = stark. Vgl. Geerling s. 21 und 10.

——— ———

§ 4. II. *Die Mundarten der sächsischen Niederlande.*

a. Hier ist das altem iu entsprechende mittel-niederdeutsche ê überall ëi, ai z. B. *gëiten* = giessen, *dëip* = tief, *schëiten* = schiessen, *vrëëzen* = frieren. St. Groningen: *knnei* = Knie, *geiten* = giessen, *leif* = lieb. T. Bijdragen II, 298. (û erhielt sich in *bûgen* = biegen.) Südliches Ostfriesland: *flëig!* = flieg!

Anmerkung. Gallee und Halbertsma verzeichnen ie in *vriëzen* = frieren, *diéf* = Dieb, *giéten* = giessen. Es ist vielleicht aus dem Holländischen eingedrungen.

Mnd. ê = got. ai (und aí) und ê im Plur. Praet. der IV u. V Ablautreihe ist ëi (gewöhnlich ee geschrieben) und âi. Letzterer Laut namentlich in Twenthe und

Groningen. Twenthe: *kraemer* = Krämer, *laege* = niedrig,
haerd = Heerd, *aerde* = Erde. Hunsingo-Groningisch:
bainen = Beine, *stainen* = Steine. St. Groningen: *iigen*
= eigen; *deil* = Theil, *eid* = Eid, *zeipe* = Seife (ei = holl.
ei). Dalfsen in Overijsel hat neben ëi auch *ie* z. B. *dielen*
= teilen, *bien* = Bein, *hieten* = heissen, *mienen* = meinen.
Das südliche Ostfriesland hat êi: *snêi* = Schnee, *bëin*
= Bein, *slêij* = Kochlöffel.

b. Got. au ist nach den niederländischen Dialek-
tologen in allen Mundarten ô und wird von ihnen mit ôo
und ô bezeichnet (de *schoof* = der Schaub, de *hoop* = der
Haufen, *brood* = Brot). Seinen Umlaut bezeichnen sie
mit holländischem eu d. h. hier ô (*neudig* = nöthig, Behrns:
loepsch = läufisch, *noedig*). Das südliche Ostfriesland hat
êo: *heöger* = höher, *leöpen* = laufen, *brêöde* = Brode,
kneöpen = knöpfen.

Wie sich die Mundarten in den Grafschaften Bentheim, Lingen und um Meppen gegenüber diesen und den
im Weiteren besprochenen Vokalen verhalten siehe unter
„Zusätze".

c. Altes ô ist überall ô, bisweilen ou. Nur aus
Dalfsen in Oberyssel wird T. Bijdragen I. 284—85 berichtet,
dass dort altes ô fast stets mit holländischem oe über-
einkomme. Das südliche und südwestliche Ostfriesland
hat hier êo, welches von einem Schreiber mit êo bezeichnet wird: *de flêöt* = die Flut, *de mêöd* = der Muth,
dat blêöd = das Blut, *genêög* = genug, *mêöder* = Mutter,
kôoke = Kuchen. Dies êo-Sprechen nennen die nörd-
licheren Ostfriesen „kaucln".

Umlaut zu ô ist in diesem Dialektkreise ô, von den
Holländern teils ô, teils eû, teils êu (St. Groningen öi)
geschrieben. Über die Entwickelung dieses Lautes in
der Umgegend von Deventer wird im Oberysselschen Al-
manach von 1836 gesagt: „*de vöute* (die Füsse) is verouderd

en geringschattend *cuite*, oud-boersch *cöute*, transigerend boersch *vöte*, stadsch en nieuw-boersch *vöten*, nederduitsch *roeten*".

d. Altes î ist überall î (*biten* = beissen, *tid* = Zeit).

e. Älteres ndd. e = westfälisch ia, ea. Gallee: *wilig* = wählig, *döke* = Dekan, *högen* = hegen, *mêl* = Mehl, *negel* = Nägel, *spröken* = sprechen, *vögen* = fegen. Rijssen: *gel* = gelb, *vliegel* = Flegel, *iegede* = Egge, *weazen* = gewesen. Twello bei Deventer: *êten* = essen, *zwêvel* = Schwefel. Dalfsen in Oberyssel: *dägen* = Degen, *knäu* = kneten, *lär* = Leder, *läfen* = lesen, *tär* = Teer, *präken* = predigen, *vägen* = fegen, *rär* = Feder, *verlägen* = verlegen ptc., *wäfen* = gewesen, *sägen* = Segen; daneben *better* = besser, *etten* = essen, *sprekken* = sprechen. Enschede: *büttre* = bessere, *klättern* = klittern, *dälle* = Tenne. Laren: *reungen* = Regen, *wear* = Wetter, *euge* = Egge, *weazen* = gewesen, *earen* = eben, *sleage* = Schläge, *zea* = sagte, de *stea* = die Stätte, *meaken* = Mädchen, *peard* = Pferd.

Da das ê die Bedeutung von ä hat, so ist der Laut teils ä, teils wie in Westfalen ea, selten ê. Behrns „Over de Twenthsche Vocalen" s. 20 hat in allen hierher gehörenden Wörtern êê (*lêzen* = lesen, *êkster* = Elster, *wêven* = weben, *vêgen* = fegen, *vrêê* = Friede) „met den klank van ae in *paerel*".

f. Altes e, westf. ie:

Gallee: *wekke* = Woche, *böke* = Bach, *eleden* = vergangen, *zweppe* = Peitsche. Twello: *kätel* = Kessel, *läven* = Leben. Dalfsen: *blekken* = bellen, *esmetten* = geworfen, *leppel* = Löffel, *pekkel* = Pökel, *zweppe* = Peitsche, *hemmel* = Himmel, *kreegel* = munter, *tegen* = gegen. Enschede: *bekke* = Bach. Laren: *wekke* = Woche, *relle* = viele, *zweppe* = Peitsche. Rijssen: *leppel* = Löffel, *rekkel* = Hund, *hiegde* = Hecke, *kriegel* = munter, *siege* = Ziege, *wiezboom*

= Wiesbaum. Alteres e = westf. ie ist also im Wesentlichen ë oder ä, vereinzelt ië. Am Westrande Westfalens, westlich der Linie Haltern, Koesfeld über Ahaus
zur holländischen Grenze wird ĕ gesprochen (*wekke* =
Woche). Über die Grenze zwischen ie und ĕ vgl. die
Bemerkung des Grafen Landsberg-Velen in der Zeitschrift
für westf. Geschichte XX, 324, von Wesmöller Ndd.
Korrespbl. VII, 7 und Tibus, Pfarreien in der Diöcese
Münster s. 997 ff.

Als Unterschied zwischen dem südlichen und nördlichen Ostfriesland führt E. Hektor in den Mundarten V,
143 ausdrücklich an, dass ersteres für altes e : e, letzteres
ä habe.

Wichtig ist was Behrns über die Aussprache dieses
niederländisch-sächsischen ë in Twenthe sagt (s. 18):
„Nicht überall in Twenthe wird das ursprüngliche e kurz
ausgesprochen. Am genausten geschieht dies in Oldenzaal,
Enschede und Ootmarsum. Anderswo hört man wohl
einmal den langen Laut z. B. in *neegen, zeeve, kreegen* etc.
Diese Verlängerung oder „Reckung“ des e möge man
gleichwohl für nichts anderes halten, als für eine
schwächere, wenn ich es so nennen mag, geschliffene (be-
schaafte) Aussprache des *ie*, welche die Bauern in ganz
Twenthe üben. So hört man auf dem Lande: *gieven,
niegen, hiege* etc., bei den Bürgern in einigen Dörfern und
Städten *geeven, neegen, heege* und anderswo, sowie gesagt
wurde: *ger-en, neg-en, heg-e.“*

Die Stadt Groningen spricht nach Bolland in den
T. Bijdragen II, 294 „ê = holländisch ê aus a und i“.
Die einzigen Fälle, in denen holländisches ê = gron. ö
ist, sind: *speuln* = spielen, *zeubn* = 7, *veul* = viel. Merk-
würdigerweise lässt sich grade in eben denselben Wörtern
in vielen niedersächsischen Mundarten und auch in
Meklenburg-Vorpommern à nachweisen. Schon in Laren
(im Achterhook) *zeuven* = 7. Twenthe (Behrns § 18, 5):

völle, zöeven, zwöppe, zwämmen, spöllen, nesse. Ten Doornkaat: *jöl* = viel, *jerspölen* = verspielen. Südliches Ostfriesland: *spölen* = spielen. Nördlicheres Ostfriesland: *spälen, spälen* (Frommanns Mundarten V, 144). Jever: *sålben* = 7. Oldenburg: *sören.* Meklenburg-Nerger: *fæben.* Gilow-Pommern: *fåben.* Ja schon mnd. *spolen, soven, vole.* Wahrscheinlich haben noch andere Wörter in den Mundarten unter III und VI å statt e. Von den bei Lübben, Mittelniederdeutsche Grammatik s. 23 verzeichneten sind mir in denselben noch mit å oder à begegnet: *sos* = 6, *ot* = es. *sodder* = seit, *vojtich* = 50, *swommen* = schwimmen, *rlogel* = Flegel, *swope* = Peitsche. *nose* = Nase. Nur in Westfalen und den angrenzenden östlichen Mundarten scheint das e, ie in diesen Wörtern festzustehen.

g. Die Behandlung des älteren o (u) in den sächsischen Mundarten der Niederlande ist bei der verschiedenen orthographischen Behandlung, die die entsprechenden Laute fanden, schwer festzustellen. Gallee schreibt: *höpen* = hoffen. aus Rijssen *boëven* = oben, *rröazen* = gefroren. aus Twello bei Deventer *eschöten* = geschossen. aus Dalfsen in Oberyssel: *baoge* = Bogen, *baoven* = oben, *belaoven* = beloben, *haozen* = Strümpfe, aus Drenthe: *håzen* = Strümpfe. bei Halbertsma: *houze* = Strumpf. St. Groningen: *bôben* = oben. Daneben dann Bezeichnung durch ö: Gallee: *vörke* = Forke. Hunsingo: *törf* = Torf. Dalfsen in Oberyssel: *erökken* = gerochen. *ekröppen* = gekrochen. St. Groningen: *strödde* = Kehle, *rötten* = verfault, *zörge* = Sorge, *hönnig* = Honig, *törf* = Torf. Dann o aus Rijssen, Enschede und namentlich aus Dalfsen: *potten* = setzen, *hoppen* = hoffen. *kokken* = kochen, *kollen* = Kohlen. *slotten* = geschlossen. *stokken* = gestochen. Der Westrand Westfalens hat ebenfalls dies kurze o.

E. Hektor berichtet in Frommanns Mundarten V, 143, dass altes ö, ü im südlichen Ostfriesland ô und ô. im nördlichen a und å wäre: *de flitzbōg. de sage-mōl. ōrer* = über. Aber auch die Mundart der Krumm-hörn scheint noch ō und ö zu haben: *bestöfen* = bestäubt, *de mōle* = die Mühle. Ten Doornkaat bezeichnet das å seiner Mundart verständlich durch â (*bóge* = Bogen. *boden* = geboten), seinen Umlaut jedoch durch ô (*böken* = pochen. *krôpel* = Krüppel, *köken* = Küche), sodass man nicht wissen kann, ob å oder ö zu sprechen ist.

Am zuverlässigsten und deutlichsten hat sich Behrns § 18 und 23 über altes o, u in Twenthe ausgesprochen. In den Städten von Twenthe ist sowohl mnd. o als sein Umlaut zu ö geworden: *enömmen* = genommen. *etrökken* = gezogen, *könninк* = König, *mölle* = Mühle, *möggen* = mögen, *schöttel* = Schüssel, *slöttel* = Schlüssel, *töggel* = Zügel, *görte* = Grütze. *verlöören* = verloren, *elöögen* = gelogen, *estööven* = gestäubt. Jedoch auch *kol-e (kolle)* = Kohle. *hop-en (hoppen)* = hoffen. Oder in einem Teile Twenthes auch oa: d. h. å: *verloaren. eloagen, estoaven.* Und å (neben aa) § 4 und § 12. 1: *mårgen* = morgen. *bårgen* = borgen. *zårge* = Sorge. Ferner: (von Behrns mit oa geschrieben) *boaren* = oben. *boagen* = Bogen. *stouve* = Stube. *beloaren* = geloben. *oaver* = über.

Dagegen ist „ue der Laut. welchen man auf dem „platten Lande in Twenthe hört. gewöhnlich für das kurze „ö oder eu z. B. *nueze - nözze* (Nase). *duegde* = Tugend. „*unnuezel — onnözzel* (unschädlich) und so weiter in fast „allen Wörtern. die oben mit ö angegeben sind. Die „Aussprache dieses ue ist so rein. dass man beide Buch-„staben u und e unterscheidbar hört: u-e oder uë z. B. „*tuegel*, wie *tu-egel* oder *tuögel*.“ Das wäre also genau westfälisches üö. üe und auch ganz in denselben Worten stehend. Behrns knüpft dann § 23 noch eine Bemerkung über mittelniederländisches ue und eu an. welche die Vermutung nahe legt. dass das niederländische Zeichen eu ursprünglich eine transigierende Bedeutung hatte, nämlich zwischen einem à des einen und einem uë des andern Dialektes.

§ 5. III. *Die Sprache der Nordseeküste mit ihrem Hinterlande.*

Schon oft ist hervorgehoben worden, dass die Sprache dieses Gebietes sich durch Vorliebe für einfache lange Vokale auszeichnet. Langes ê und ô deckt sich hier mit as. und mnd. ê und ô (= got. au und ô). Der Umlaut zu ô lautet ô̂. Altes û. iu ist û. Umlaut ü. Altes î = got. ei ist î. älteres e (aus a und i) ist ä: *wäten* = wissen, *stälen* = stehlen, *en bäten* = ein bischen, *wäfen* = gewesen, *mäl* = Mehl. *bläwen* = geblieben, älteres o und u ist å, Umlaut å: *båbn* = oben. *nåmn* = genommen, *se måd* = sie müssen, *de bån* = die Bühne. Jedoch treten für einzelne von diesen langen Vokalen in einigen Gegenden Diphthonge ein.

a. Mnd. ê. Krumhörn bei Emden: *ik schreëj* = ich schrieb. *leëj* = lieb. *leëgen* = lügen. Greetsiel an der Emsmündung: *snei* = Schnee. *vëi* = Vieh. *twëi* = 2. *knëi* = Knie. *vlæigen* = fliegen. *baitel* = Meissel. Ditmarschen (Lunden und Delve): *weirt* = Wirt. *deil* = Teil. *deigh* = Teig. *mainen* = meinen. *reip* = Strick. *sweid* = Schweiss, *drei* = drei. *hei* = er. *meir* = mehr. Das ei wird als matter ai-Laut bezeichnet.

b. Mnd. ô = got. au wird nur in Ditmarschen mit „mattem au" gesprochen: *groude* = grosse. *hough* = hoch, *lous* = los. *boum* = Baum. *brout* = Brod. *noud* = Noth. Der Umlaut ist dann öi: *böimen* = bäumen. *bröid* = Bröde, *heuren* = hören.

c. Mnd. ô = got. ô. Krummhörn bei Emden durchaus au: *kauke, plaug. maud. blaumkes* pl. = Blümchen.

Greetsiel: ao, au z. B. *haot* = **Hut**, *vaot* = **Fuss**. Umlaut aö. aü: *graön* = **grün**, *baöten* = **leihen**. Um Hamburg kommt au vor: *haut* = **Hut**. Lunden und Delve in Ditmarschen: *tou* = zu, *kouke* = **Kuchen**. Umlaut öi: *dei föitl'* = die **Füsse**, *köilt* = **kühlt**, *söide* = **süss**, *gröin* = **grün**. *dröigh* = **trocken**. Wöhrden in Ditmarschen: *de jeut'* = die **Füsse**. Der Laut wird als „matter äu-Laut" bezeichnet. Lüneburg *ou*: *bloumen, stoul, de spoul* = die **Spule**. Umlaut eu: *jeuern* = **fahren**, *speulen* = **spülen**. *meu* = **müde**. *spöulken* = **Spulchen**.

d. Mnd. î = got. ei lautet in der Mundart um Greetsiel vor altem j: ēi: *dēien* = **deihen**. *rrēier* = **Freier**, *rēien* = **reihen**.

e. Statt ǟ = mnd. e tritt im städtischen Platt bisweilen ĕ auf: *jedder, ledder, wedder*, wo auf dem Lande: *jär, lär, wär*. Bei Lüneburg: *neggen* = **neun**, statt *nägen*. In der Probstei bei Kiel: *nettel* = **Nessel**, *smetten* = geworfen, *betten* = **gebissen**.

f. Statt å̄, Umlaut ä, hat die Mundart der Krummhorn noch, wie das südliche Ostfriesland ó (das Brookmerland dagegen bereits å). Krummhorn *nömen*, Brookmerland *nämen*, Krummhorn *möle*. Brookmerland *de mäl*.

Mnd. o vor l ist in Jever noch ö *(ölt, költ)*, von Oldenburg ab schon ō *(ōlt, wōlt, kōlt)*.

In Norderditmarschen ist für ndd. *van* = von die Form *vun* herrschend geworden. Vgl. Müllenhoff zum Quickborn.

Während das Binnenland *de sunne* = die Sonne sagt, hört man von Ostfriesland an ostwärts und von Hoya ab nordwärts *de sünn'* (Hoya: *de sünne*). Die Gegend von Wilster neigt zu ö für anderweitiges ndd. u in *brommen* = brummen, *pockel* = **Puckel**, *honger* = **Hunger**. *domme* = **dumme**. *stonn'* = **Stunde**. Über Neigung zu kurzen

Stammvokalen in Stormarn vgl. Ndd. Korrespondenzbl. III, 27. (Hier *de hönr* = die Hühner, *de tölig* = die Zulage, *de hösten* = der Husten, *wäfl* = Wiesel.)

§ 6. IV. *Die Mundarten zwischen Elbe und Weser (mek-und mik-Gebiet).*

Die hier zusammengefassten Mundarten enthalten durchgreifende Gegensätze zu der eben besprochenen Gruppe. teilweise auch zur westfälischen.

a. Mittelniederdeutsches *ê.* sei es gotisches ai oder ê oder iu. lautet auf diesem Gebiete fast durchweg ai resp. äi (*fe laifen* = sie lasen, *daif* = Dieb, *schaiten* = schiessen). Für die Gegenden zwischen Elbe, Bode und der Braunschweigischen Grenze bis zur Ohre hat Wegner in den Geschichtsblättern für Magdeburg Bd. XIII, s. 3—10 und s. 169 bis 171 Material zusammengestellt. H. Hoffmann in seiner Beschreibung der Mundart um Fallersleben bei Frommann Bd. V 41 ff. führt *klêt* = Kleid, *swêt* = Schweiss. *mêfe* = Meise. *sêpe* = Seife an. Schambach hat im Singul. Praet. der i-Ablautreihe Formen mit ê neben denen mit ai (*ik kêk. keik. ik swêg. sweig*). Am Solling: *esein* = gesehn. *bleif* = blieb. *kreich* = kriegte, *reip* = rief. *meinde* = meinte. *stein* = Stein. *hâl* = heil. *ei* = ehe. *prowêren* = probieren.

b. Gotisches au ist ô. Umlaut ô̂. Schambach (Göttingen. Eimbeck. Niedereichsfeld) schreibt die hierher gehörigen Wörter mit å (*nåd* = Not, *åk* = auch). führt jedoch bei vielen Nebenformen mit au und ô an. ohne über die Heimat der einzelnen Laute etwas anzugeben (*dåd, dôd. daud* = todt: *gråt. grôt. graut* = gross). Es wäre grade wichtig gewesen. zu wissen, wo zwischen Weser und Leine sich die Ostgrenze des au-Lautes befindet. denn auch die östlichsten Mundarten Westfalens haben au.

Jühnde bei Dransfeld spricht auch å: *chråte* = grosse, *åk* = auch. Northeim: *bråd*. An der Weper östlich vom Sollinge: *gråte* = grosse, *lås* = los, *åk* = auch. Aber *flôg* = flog, *króp* = kroch, *schót* = schoss. Als Umlaut von å hat Schambach oæ d. h. å selten ö (*hoæpen* = häufen, *bröæe* = Bröde, *dröæmen* = träumen, *glöæben* = glauben, *böæſe* = böse).

c. Got. ô ist überall *au* (*blaud* = Blut). Wegner schreibt oau in *bouck* = Buch, *schoaule* = Schule. Die Bewohner der Weper östlich vom Sollinge sprechen altes ô stets als äau: *slüaug* = schlug, *tüau* = zu, *eräaupen* = gerufen, *plüaug* = Pflug, *büauk* = Buch. Den Umlaut dieses au schreiben die meisten äu, eu, also hochdeutsch eu, äu in *Treue*, *Bäume*. Schambach bezeichnet den Laut durch oi: *groin* = grün, *soite* = süss.

Dieser aü-Laut geht auch, wie im südlichen West-falen, in ai über. Wegner, Magdeb. Geschbl. XIII, 3 verzeichnet: *souite*, *süite*, *saiete* = süss. Aus der Umgegend von Hildesheim bringt Müller bei Frommann Bd. II *seuite* = süss bei.

d. Altes û, in lautet überall û, Umlaut ü. Scham-bach hat ganz vereinzelt *kliuben* = spalten, ostwestf. *kliuben*. Nach H. Sohnrey ist auf der Weper östlich vom Sollinge altes û, iu in der Regel iu (öu): *miús* = Maus, *hiüs* = Haus, *iut* = aus, *nöu* = nun, *böuere* = Bauer. In und um Hildesheim nach Müller *öu* = altem û, *öuſe* = unser, *schöute* = Grabscheit (westf. *schiute*, f.), *bröuſe* = Brause, *röuket* = riecht, *stöuken* = Baumstümpfe (westf. *stiuken*), *öut* = aus. Im Umlaut zu û schreibt Müller: *döuster* = düster, *schuine*, f. = Scheune. Auf der Weper (Solling) ni d. h. uü: *muüſe* = Mäuse, *kruüze* = Kreuz, *huütig* = heutig, *wuütend* = wütend.

e. Altes î. got. ei ist überall î. Stadt Hildesheim: *mein* = mein, *sein* = sein, *jleuk* = gleich. Umgegend von Hildesheim: *weuber* = Weiber,

weu' = wir. *keu'k* = sich. *preu'pe* = Pfeife. *peu'lhacke* =
Spitzhacke. *keu'pe* = Kiepe. *dîik* = Teich. *bêi* = bei. Auf
der Weper (Solling) ni. *eui*: *euifern* = eisern. *kreuischen*
= kreischen. *seuin* = sein. *beui* = bei.

f. Mittelniederdeutsches e (= älterem č, ä, i) = nds.
ä, westf. ia und ie spricht man vielfach ä. Wenigstens
sind aus allen Mundarten Beispiele wie *läfen*, *äten*, *brägen*
= Gehirn, *räken* = rechnen, *quäke* = die Queke, *wäder*
= Wetter verzeichnet. Schambach schreibt den Laut ë
und ê. meint aber wohl ä. Um Nordheim herrscht ä,
aber im Plur. Praet. der i-Reihe ê. Aber für einige
Mundarten ist grade das kurze č. ä characteristisch.
Aus dem Harz: *ledder* = Leiter. *better* = besser. *egetten*
= gegessen. An der Bode: *scheppel* = Scheffel. *kettel*
= Kessel. Nordheim: *leppel* = Löffel. Um Braunschweig:
wedder = Wetter. *ejetten* = gegessen. um Fallersleben:
jeddn = Feder. *hedderik* = Hederich. *preddigen* = predigen. *sweppe* = Peitsche. *effel* = Esel. *ebetten* = gebissen,
esmetten = geschmissen, *ekneppen* = gekniffen. *nebbel* =
Nebel. *gebbel* = Giebel, *lebber* = Leber, *schebber* = Schiefer,
stebbel = Stiefel. In den letzten fünf Wörtern haben die
Mundarten des nordöstlichen Westfalens i. die südwestfäli-
schen ie. Die Proben reichen jedoch nicht aus, um über
das Verhältnis von ä und ä (resp. č) etwas festzustellen.*)
Beispiele aus der älteren Mundart derselben Gegenden
hat Walther im Ndd. Jahrbuch I. 94 bis 96 gesammelt.

Westfälisches ie hielt sich auf der Weper östlich
vom Sollinge. „Hin und wieder hört man vor ê einen
schwachen i-Laut; das ê tönt dann aber kurz und wie ë,
also *giëmen* = geben“.

---

*) J. Müller versichert in den Mundarten II, 39. dass die
Sprache der Kalenbergischen Heidebauern dem Hildesheimer fast
unverständlich sei. Auch die Gegend von Burgdorf hat ganz eigen-
artige Vokale. Proben dieser Dialekte giebt es nicht.

g. Mnd. ŏ = altem ŭ. ŏ ist *o*: *bŏken* = pochen. *kŏken* = kochen. oder ŏ (nirgends å). Kurzes ŏ findet sich namentlich in der Mundart um Fallersleben: *honnich* = Honig. *bodden* = Boden. *kolle* = Kohle. *hollich* = hohl. Daneben *ebrōken, esprōken, erōken. esōpen, knōken* = Knochen. Umlaut ist ö und ö: *bōkern* = prügeln. *kōke* = Küche. Kurzes ŏ z. B. in *schöttel* = Schüssel (Braunschweig). *gnöttern* = verdriesslich reden (Schambach). *slöttel* = Schlüssel (Fallersleben). Dazu *flöggel* = Flügel, *höggel* = Hügel, *jögel* = Vögel, *lögge* = Lüge (in denselben Wörtern hat die Ravensbergische Mundart ü: *flügel*). An der Bode *schlöddel. schöddel.* Vgl. Wegner in den Magdeb. Geschbl. XIII. s. 29—30 und 171—74. Westfälisches uo. üö hielt sich auf der Weper am Sollinge: „Oft hört man vor ö einen schwachen ü-Laut: ebenso vor o das u". Also *uiomen* = genommen. *üüne, ūöne* = ihn.

§ 7. V. *Die westfälischen Mundarten.*

Es existieren. wie bereits im Jahre 1853 von Honcamp in Herrigs Archiv Bd. IV. 157 ff. nachgewiesen ist. zwei Hauptdialekte. Die Linie Attendorn. Lüdenscheid. Iserlohn. Unna. Hamm. Lippstadt. Delbrück. Bielefeld. Halle. Burgholzhausen. Riemsloh bei Melle. Lübbeke. Hausberge an der Weser bezeichnet die Grenze. Die westliche Mundart hat die einfachen Vokale ô. ô = got. ô: û. û = got. û. iu: î = got. ei. *(bók, bôker, hûs, hûfer, blîwen.)* Die östliche*) hat au. âü (oi. ai) = got. ô; iu. uü = got. û. iu: ui, ëi = got. ei *(brauk, bâüker, boiker. buiker: hius. huüfer, bluiwen, ble-iwen).* Die westliche giebt gotisches au durch au *(anger. brand, dand).*

*) Nach Kindlinger erbt in den Landschaften. die diese Mundart sprechen. mehrenteils der jüngste Sohn.

die östliche durch äu, äo (*de lǟun* = der Lohn, *dat äuge* = das Auge). Der Umlaut dieses au und äu = got. au lautet in beiden Mundarten åü = hd. äu gesprochen (*daglåüner* = Tagelöhner. *nåüdig* = nötig, *åügeskes* = Auglein). Beide Mundarten sprechen as. ê (= got. ai, ê und iu) als ai oder äi, öi, åi*). In beiden ist altes e (= älterem e, i und a) = ia, ea, ie und o (= älterem u und o) = ua, uo, üö, üa. Beide besitzen tonlanges ā und ī = altem ā und ĭ.

a. Von der westlichen Mundart scheiden sich die Distrikte westlich der Linie Haltern, Koesfeld. Ahaus dadurch, dass sie die Laute ia, ie, ua. üö zu Gunsten von ĕ. ō und ö aufgeben.

b. Die östlichsten Distrikte Westfalens scheinen ebenfalls diese geschliffenen Laute nicht mehr zu gebrauchen. Näheres ist nicht bekannt. Sicher ist, dass die Mundarten von Waldeck und Lippe-Detmold statt ia, ie: ĕ und ē. statt ua: ö, ō sprechen (*tämen* = zähmen, en *betten* = ein bischen, d e *höfe* = der Strumpf). In denselben Gegenden ist got. au nicht mehr äu. sondern au (*daud* = todt, *laur* = Laub).

c. Ein schmaler Strich, am Westrande der östlichen Haupt-Mundart (Unna, im Fürstentum Paderborn, Lippe-Detmold, Grafschaft Ravensberg) hat das alte ô in eo. äo verwandelt (*deök* = Tuch. *beok* = Buch).

Einzelheiten.

1) Westfälische Ostgrenze. Das ostwestfälische *in* ist noch nachzuweisen in Bevern bei Stadtoldendorf (de

---

*) Die meisten niederdeutschen Mundarten, von Flandern bis zur Elbe, haben eine Abneigung gegen einfaches o und e. Sogar in Fremdwörtern wie *pastaur* = Pastor. *kaur* = Chor. *airangeljun*, *Jaifus*, *Paiter* zeigt sich das. Sollten nicht auch die Goten wirklich, so wie Ulfilas schreibt, *Thaiaufeilus*, *Praitôriaun*, *Saulaumon* gesprochen haben?

biure = der Bauer), bei Schambach (*kliuben* = spalten), und
herrscht durchweg auf der Weper am Ostrande des
Sollings: *mius, hiûs, iut.* Das au = got. au um Warburg:
daud, braud; Brakel b. Höxter: *tàarn* = Turm. Waldeck
(bei Curtze) *rauth* = roth, *daude* = todt, *lauf* = Laub, *flaut*
= floss, *baut* = bot. Das kurze č und ŏ scheint im
Waldeckschen den Vorzug vor ė und ō zu haben. Bei
Curtze, Volksüberl.: *etten* = essen, *fedder* = Feder, *nettel*
= Nessel, *better* = besser, *beddelsack.* Daneben dort
häufig kurzes *i: siwwen* = sieben, *gewitten* = Gewissen,
ville = viele, *he griwwet* = er gräbt (südwestf. *griawet*).
Kurzes ŏ: *hoppenung* = Hoffnung, *stollen* = gestohlen.
öwwer = über. Aber auch noch uo: *huohl* = hohl. *be-*
suoppen = besoffen. Und ŭ: *ruggel* = Vogel, *sugge* =
Sau, *kuggele* = Kugel. *mülle* = Mühle.

Ganz ähnlich liegen die Verhältnisse des mnd. e
und o in Lippe-Detmold. Im Osten dieser Landschaft
wiegt ĕ und ö vor: *wedder* = wieder, *etten* = essen. *wetten*
= wissen. *schweppe* = Peitsche. *scheppel* = Scheffel, *splette*
= Splitter, *den betten* = den Bissen. Daneben ê: *téne*
= Zähne, *méken* = Mädchen. *héwen* = Himmel, *hégen* =
hegen, *pért* = Pferd. Auch ä: *täne* = Zähne, *betämen*
làten = zufrieden lassen. *Schöten* = geschossen, *stōwe* = Stube,
de klóben = der Flachsbündel. *hōwe* = Hofe. Kurzes ö:
öwwer = über, *höwweln* = hobeln. Westfälisches ia. ie. ua
scheint nicht mehr vorzukommen. Westlippisch: *tilen*
= erzielen, *flīgel* = Flegel. *twīle* = Gabel. *wīten* wissen,
schwīpe - Peitsche. Vgl. Zusätze.

2) Ostwestfälische Mundart. Woeste führt als
Scheidelaute westlich von Iserlohn an (Mundarten III,
253): östliche Mundart: iä, äi, ui. iu, uü, åü, westliche: eü, ei, î, û, ü, öi.

Grimme, Schwänke s. 4 erwähnt ausdrücklich, dass
das vielfach ai geschriebene alte ô-Umlaut richtiger aü

wäre. Das ostwestfälische in geht westlich noch bis Rheda
(*bräut* Braut). Im Fürstentum Lippe und im nördlichen Teile der Grafschaft Ravensberg lautet das dem
gotischen ai und iu entsprechende westfälische äi, ëi,
ai : åi (*flåige. låif. åike. råie* fertig).

3) Westliche Mundart. Das äu got. au
herrscht noch im Kreise Dortmund und in angrenzenden
Teilen der Kreise Hagen und Bochum. Vgl. Schulze in
Rübels Beiträgen II, 75. Das lippisch-ravensbergische
åi für ai. äi kommt auch nördlich von Münster bei
Greven vor: *dåipe* tief, *he. låipe* er liefe. Ja auch
ausserhalb Westfalens am Sollinge: *steuin* Stein. *sei*
reuipen sie riefen.

§ 8. Werfen wir von dieser Einteilung der Mundarten
Altsachsens aus einen Blick auf die mittelalterliche und
römische Geographie des Landes, so muss auffallen,
dass der Begriff der Angaria, wie ihn die Spruner-
Menckeschen Karten darstellen, ausser allem Zusammen-
hang mit der Landessprache steht. Zieht man dagegen
die Sitze der drei germanischen Hauptstämme des
Tacitus, wie sie die neuste Kiepertsche Karte auffasst,
in Betracht, so könnte man sagen, dass die westfälischen
(V), niederrheinischen (I) und niederländisch-sächsischen
(II) Mundarten in das Gebiet der Istaevones, die Nordseemundarten (III) in das der Ingaevones fallen. Die
eigentümlichste niederdeutsche Mundart, die ostwestfälische (westengrische), bildete dann die Ostgrenze des
Istaevonen-Gebietes. Aber es liegen Gründe vor zu
vermuten, dass die Mundart zwischen Weser und Leine
einst fast ganz identisch mit der ostwestfälischen

gewesen ist. Einerseits hat man wahrscheinlich früher
auch in Westfalen m i k und d i k gesprochen (so lässt
der Holländer Bevervoorde im Anfang des 17. Jahr-
hunderts den Westfalen Slennerhinke stets m i k sprechen),
andrerseits existieren die eigentümlichsten ostwestfälischen
Laute in, uü, ui noch jetzt am Solling. um Hildesheim
und nördlich bis Burgdorf und die westfälischen geschliffenen Laute ie, uo, üö noch am Solling und am
Deister. Ist diese Vermutung richtig, hat sich die ostwestfälische Mundart wirklich bis über die Leine hinaus
erstreckt, so müssen die Leute, welche sie sprechen oder
sprachen, die Cheruscorum gentes der Römer sein. Später
heisst ihr Land Engern, sei es nach einem andern Namen
desselben Volkes, oder nach einem herrschenden Stamme,
der von Norden her über sie gekommen war. Sie sind
das Centrum. der Hauptstamm der „Fälinge", deren
Name nachher nur an ihrem Ost- und Westflügel
haften blieb.

Für eine spätere genauere Vergleichung der unter
III bis V genannten Kernmundarten bleibt immer die
wichtigste Frage, ob die westfälische Mundart die kon-
servativere gewesen ist, oder eine der beiden andern.
Das karakteristische Merkmal des Westfälischen bilden
neben einer treuer erhaltenen Deklination und Konjugation
die sogenannten geschliffenen, beziehungsweise gestossenen
Laute, die in den übrigen Mundarten nur sporadisch
vorzukommen scheinen. Wenn diese Laute, wie mir
mitzuteilen Professor A. Bezzenberger die Güte hatte,
in vielen indogermanischen Sprachen bestanden haben —
im Sanscrit, im Lateinischen, im Serbisch-Chorvatischen,
im Althochdeutschen (uo : ū setzt gestossene Betonung
voraus) und noch jetzt im Litauisch-Lettischen sind sie
nachzuweisen — so wird man vom w e s t f ä l i s c h e n
Vokalismus ausgehen müssen. Dies war auch J. Grimms
Ansicht, welcher in einem Briefe an Köne in Münster

im Jahre 1842 schrieb: „Ich habe nicht verhehlt, dass
die westfälische Sprache mir unter allen deutschen
Mundarten die wichtigste und reichhaltigste erscheint".

B. Mundarten in den Kolonien.

§ 9. VI. *Die meklenburgisch-vorpommerschen Mundarten*
unterscheiden sich nur in wenigen Punkten von
dem unter III beschriebenen Nordseeniederdeutsch.
Zwischen den Vokalen der Mundarten der Altmark,
Priegnitz und Ukermark einerseits und denen
Meklenburgs und Vorpommerns scheint gar kein
durchgehender Unterschied zu existieren. Wohl
aber giebt es Unterschiede in den Konsonanten
und den Formen. Die Masse der Kolonisten muss
aus dem Lande links der unteren Elbe in diese
Landschaften gekommen sein.

a. In Meklenburg und Vorpommern werden mnd.
é und ó vor in- und auslautendem r vielfach zu î und
û, ü. Beispielsammlungen finden sich bei Nerger § 172,
174 u. 176, und bei Gilow, Leitfaden s. 16, 19 u. 24. Nerger: *ik wîr* = ich wäre, *bîr* = Bier, *frîren* = frieren,
dîrn = Dirne, *gîrn* = gern, *îrd* = Erde, *lîrn* = lernen,
ûren = Ohren, *wûrt* = Wort, *pûrt* = Pforte, *wûrd'* = Wörter, *kûrner* = Körner, *hûren* = hören, *ik frûer* = ich fror,
fûren = fahren. Gilow: *de lîér, de bié* = der Eber, *piß*
= Pferde, *vié* = vier, *wur* = wo, *rûr* = Rohr, *ûr* = Ohr,
wûr = Wörter, *Dûrt* = Dorothea, *mallûr* = Unglück.
Aus Meklenburg-Strelitz (Reinhold, de Holtrevolut-
schon): *de stîrn* = die Sterne, *de îrd* = die Erde, *de ûhrn*
= die Ohren, *dat wûhrt* = das Wort, *he hûrt* = er hört.
Greifswald: *mûr* = mehr, *de wirt* = der Wirt. Ukermark:
puat = Pforte, *îrd* = Erde, *pird* = Pferd. Aber: *kãrn*
= Korn, *ãr* = Ohr.

27

Diese Lautwandelung kann auf niederrheinische oder holländische Einflüsse zurückgehen. Krefeld hat *mir* = mehr, *lire* = Lehre, *dir* = Dirne.

b. Statt å = altem ā hört man im östlichen Holstein bis Kiel ō (*mōken* = machen, *betōlen* = bezahlen, *dōl* = hernieder. Ja selbst das å = mnd. o wird von diesem Wandel ergriffen: *kōmen* = kommen, *brōken* = gebrochen.

c. Auf dem platten Lande ist in Ostholstein und Westmeklenburg stellenweise, in Vorpommern in der Regel altes ô : au. Nerger s. 134 „Im Innern des Landes und im Osten weicht ô nach û aus und dadurch ergiebt sich der Diphthong ou, welcher namentlich im Reknitz- und Peenegebiete einem au gleicht. Darum schreiben Reuter und Mussaeus beständig au die bezüglichen Wörter: *staul, blaum, daun, haun* etc.“ Auch in Meklenburg-Strelitz: *to maud, de schau*. Nach Höfer in Greifswald in grober Volksmundart: de *brauer* = der Bruder. Südwestlich-vorpommersch nur au: *jaut, klauk, kauken*. Vgl. Gilow s. 13. Im südöstlichen Vorpommern soll dagegen ô herrschen.

Umlaut zu diesem au ist åü = hd. eu. Nerger s. 135 „Wo aber in Meklenburg das ô in ou oder au hinübergeht, da weicht auch das *ö* folgerichtig in oi, äu, eu . . . und zwar gilt an der Westgrenze oi, im übrigen Lande äu oder eu“. Im südwestlichen Vorpommern aü. Eine vollständige Beispielsammlung bei Gilow s. 14. Auch im südöstlichen Vorpommern åü (bäuten = heizen). Dagegen soll Neuvorpommern ô sprechen.

d. Im Meklenburgisch-Vorpommerschen steht vielfach statt des seeniederdeutschen ê = mnd. ê : ei (wie in Ditmarschen). Nach Mussaeus sprechen die Landbewohner Ostholsteins (?), Meklenburgs und Vorpommerns *klein, ein bleiw, ik gleik, sweig* etc., *tein* = ziehen, *leim* = Lehm, *heiten* = heissen, *verleifen* = verlieren, *deig* = Teig, *ik* *nēmi'* = ich nähme. Vgl. Nerger s. 132 § 172. Südwestliches Vorpommern hat nach Gilow *leiw'* = Liebe, *deiw'* = Diebe, *heiten* = heissen, *meiden* = mieten, *leim* = Lehm, *Peite* = Peter, *de fleig'* = die Fliege, *bedreigen* = betriegen, *twin* = ziehen, *vei* = Vieh. Dagegen *ik reet, recw, reep* und *wi eeten, wi meeten.* Die Laute ä̊. å̊ und å̊ stehen ganz wie unter III. Nach Höfer's Zeitschrift I, 380 ist in Vorpommern das *ö* in *fe bëten, gröpen, stögen* dem ǟ nahe. Älteres ä-Umlaut = westf. ia ist in Meklenburg å. Nerger s. 129: *råd* = Räder, *våding* = Väterchen, *håschen* Häschen. Westfälisch *riär, hiäfelnot.* Dies å̄ scheint weder in der Nordseemundart noch in Pommern vorzukommen. Vgl. ausser Nerger namentlich die reiche Beispielsammlung bei Gilow s. 7, 9, 11 und 12. Derselbe bemerkt jedoch, dass das südöstliche Vorpommern ö und ö spräche (*övermöd* = Übermut).

e. Gemeinsam ist diesem Dialekte und der Mundart III auch ein Vokalwechsel zwischen Singular und Plural gewisser Substantive. Suderditmarschen: *de smitt : smëd, schipp : schëp, spill : spēl, tritt : trēd', slott : slåd.* Meklenburgisch: *wey : wäy, schipp : schåp.* Vorpommersch: *schlåt : schåt, håf : håf.* Westfälisch dagegen *schep : scheppe, spiel : spiele, slåt : slåäter, wäy : wiage, håf : hiäwe.*

§ 10. VII. *Die hinterpommersch-preussischen Mundarten.*

Es liegen wenige sichere Proben vor. Am deutlichsten spricht sich noch W. Böhmer, Sammlung der Ndd. Mundarten in Pommern, in den Baltischen Studien II, 1 bis 34 aus. Er sagt s. 13: „In Pommern bestehen zwei gründlich verschiedene niederdeutsche Mundarten

neben einander, in denen zugleich alle Unter- und Spiel-
arten der Provinz begriffen sind. Die eine dieser beiden
Haupt-M.-A. (nämlich die meklenburgisch-vorpommersche)
ist r u n d, leicht, rollend, ohne alle Doppellaute, ein-
fach in Wurzeln und grammatischer Ausstattung, eine
ächte Schwester der Nordischen und Englischen Sprache,
und grosser Behendigkeit, Gewandheit, Traulichkeit und
Lieblichkeit fähig: die andere (nämlich die hinter-
pommersche), b r e i t an Lauten, gedehnt, voll, schwer,
nachdrücklich, bis zu grosser Trägheit und ziemlicher
Härte, insbesondere erfüllt mit gewissen Diphthongen
(au, ei, ai), oder nachklingenden Vokalen (a, ä, e, i u. s. w.)
und Liebhaberin träg absinkender Endlaute. . . . Sagt
die runde Mundart, und zwar mit leichterer Betonung:
*de, se, steen, deel, to, ko, scho, foot, goods moods, book,
doon, föt, föt, göder:* so lauten dieselben Worte in der
breiten Sprache, gewöhnlich mit härterem Tone: *dei, sei,
stein* oder *stain, deil* oder *dail, tau, kau, schau, faut, gauds
mauds, bauk, klauk, dau'n* oder *dauū, fäut, fäut, güudre.*
In der runden Mundart sind Zunge und Lippen am
thätigsten, in der breiten, die mehr im Hintermunde ihre
Werkstätte hat, arbeiten heftiger Brust, Kehle und
Kinnbacken. . . . . . . Die geographische Lage jener
beiden Mundarten scheint, wenn wir zunächst das
L a n d v o l k ins Auge fassen, von Westen nach Osten
im Ganzen folgende zu sein. Auf einem grossen Teile
Rügens, und auf einem (wie breiten?) Striche des Fest-
landes, der von Barth über Greifswald bis mindestens in
den Lieper-Winkel auf Usedom reicht, herrscht die
b r e i t e Mundart: in einem andern Teile Rügens, in
Altvorpommern (überall?) und östlich der Oder bis etwa
an die Madüe und die nördliche Ihne, desgleichen bei
den Fluss- und Seeschiffern dieser Gegenden die r u n d e.
Von Pyritz, Stargard, Gollnow, Cammin östlich hinauf
ist lauter b r e i t e Mundart. . . . . . An merkwürdigen

30

Mundarten einzelner Ortschaften und Striche
sind uns genannt worden: Auf Rügen die von Schmante-
witz (fehlt Näheres), die von Hiddensee, Ummanz, Mönck-
guth (alle drei breit); auf dem Festlande die von Barth
(sehr breit), von Stralsund (helle, dünne Vokale), aus
dem Lieper Winkel, besonders dem Dorfe Warthe (sehr
breit), dem Pyritzer Weizacker (mässig breit), von
Zachau (a-Laut), Ball bei Nörenberg, Nangard (e und
ei unangenehm hervorstechend), die der Stifts- und
Klosterdörfer zwischen Cammin und Rügenwalde, der
Fischerdörfer ebendaselbst, der Amtsdörfer westlich nahe
an der Stolpe, endlich des Schiffervölkchens in Stolpe-
münde."

Aus den vorliegenden Proben notiere ich noch
folgendes:

a. Altes ô als au: Heringsdorf: *mauer, haun, jaut.*
Umlaut äü: *beuke* = Buche, bei Köslin: *plaug, gaud,*
bei Neustettin: *kau, blaud, heune* = Hühner. Bublitz bei
Barth: *tau, bäuten* = heizen. Danzig: *gaul, tau, schau.*
Beide ô werden zu ê: Königsberg: *bleeje* = blühen.
Elbing: *feeken* = suchen, *gleeren* = glauben, *greetste* =
grösste, *needig* = nötig. Rastenburg: *ragneegt* = vergnügt.

b. Got. au ist wie in Westfalen au bei Herings-
dorf: *graut* = gross, *auk* = auch, *austern* = Ostern, *klauster*
= Kloster.

c. Mnd. ê als ei: Heringsdorf: *stein, deip, twei.*
Bei Neustettin: *twei, deipw, fleisch, rein, ei* = ehe, *Peiter*
= Peter.

d. Altes langes î tritt in Bublitz bei Barth als ei
auf: *peip* = Pfeife, *reip* = reif.

e. In diesen Gegenden stossen wir zuerst auf den
Übergang von ü und ü zu î. Schon Warnemünde und
Stralsund lieben denselben. Der Landmann verspottet

den Stralsunder Dialekt in folgenden Redensarten: *de Miefe find mi bi d'n Gritthidel west un heben mi all dat Klietmehl upfräten.* — *Ick will na de Brieg* (Brücke) *gohn un Fisch kepen* (kaufen). Bei Böhmer s. 24. Samland: *tig* = Zeug, *bidel* = Beutel. Elbing: *diewel* = Teufel, *lied* = Leute, *frind* = Freund, *kript* = kriecht. Königsberg: *kriez* = Kreuz, *de lied* = die Leute. Danzig: *sindag* = Sonntag, *diwel* = Teufel, *lüdkes* = Leute, *bedide* = bedeuten. Die Litauer sprechen aufgenommene mittelniederdeutsche Wörter mit i für ü z. B. *drimelis : drummel, knypkes : knuppen* (Knöpfchen). Vgl. Tamm, Germanische Wörter im Litauischen. Ob es litauischer oder fälischer Einfluss ist, dass man an der Frischen Nehrung *knjoark, knroack* = Knochen spricht, lässt sich kaum entscheiden.

f. Noch ist das kurze ö für gemeinniederdeutsches ü zu erwähnen: Danzig: *possen* = küssen, *honger* = Hunger, *onse* = unser, *on* = und. Elbing: *loft* = Luft, *bäxe* = Hose. Königsberg: *domm* = dumm, *onn* = und, *komnst* = Kopfkohl. Rastenburg: *brommen* = brummen, *on* = und, *röst* = Ruhe, *drödde* = dritte. Vgl. dieselbe Erscheinung am Niederrhein.

§ 11. VIII. *Die Grenzmundarten gegen das Mitteldeutsche in der Provinz Brandenburg, im Magdeburgischen und in Anhalt-Zerbst* schliessen sich in einigen Erscheinungen den preussischen Dialekten an. Jedoch ist von den meisten unter ihnen wenig oder gar nichts bekannt. Zwei Übergänge sind beliebt, welche sonst in Niederdeutschland kaum, wohl aber unter den Mitteldeutschen vorkommen.

a. In der Neumark und in der Mundart des Flämick bei Wittenberg lässt sich das hochdeutsche uo. aus welchem neuhochdeutsches ü entstand. nachweisen: Neumark: *schuoster* = Schuster, *muo'ing* = Mütterchen, *stuohl* = Stuhl. *bluot* = Blut, *guod-*, *guädwillig* = gutwillig, *wuo* = wo, wie, *wuord* = Word, *uos* = uns, *uofe* = unser. Oderbruch: · *bluosse* = Blüte, *wuolbönnen* = poltern. Flämick: *muoder* = Mutter, *buok* = Buch, *duök* = Tuch, *blusse* = Blüthe. Nordwestlich vom Flämick (Rahnsdorf, Bossdorf): *ruopen* = rufen, *tuo* = zu. Umlaut dazu ist dann ü, üe. iö: *en für büten* = ein Feuer anmachen (Oderbruch), *wuörtken* = Wörtchen (Tornow), *siöken* = suchen (Flämick).

b. Übergang von ü und ü zu î ist beliebt: Aus dem Magdeburgischen (Geschichtsblätter für Magdeburg Bd. IX): *xergnigen*, *fir* = Feuer, *schnift* = schnaubt, *hibsche* = hübsche, *mitze* = Mütze, *kimmt* = kömmt, *schine* = Scheune, *lihe* = Leute, *bicht* = biegt, *schtitzen* = stützen. *kille* = Kälte. Hohendodcleben: *bediön* = bedeuten, *silftige* = selbige, *frind* = Freund. Flämick: *hite* = Häute, *dire* = teuer, *dirde* = Teuerung. *simen* = säumen. *hiöde* = heute, *liöden* = läuten, *hiwwel* = Hügel, *schtrimpe* = Strümpfe. Kr. Jerichow: *schluog* =' schlug, *huob* = hob. Tornow bei Landsberg: *pitte* = Brunnen. Oderbruch: *tidern* = (eine Ziege) festbinden, *kikel* = Küchlein.

c. Übergang von ö zu ê.

Neumark: *beeken* = Buchen, *rerseeken* = versuchen, *leene* = Löhne, *keenig* = König, *heede* = hüten. *feet* = Füsse. Oderbruch: *leepsch* = läufisch.

An diese Übersicht über den Vokalismus knüpfe ich das Wenige, was man über Unterschiede in den Konsonanten und den Formen der einzelnen aufgestellten Hauptdialekte weiss.

A. Mundarten im Stammlande.

§ 12. I. *Niederrheinische Mundarten.*

a. Anlautendes j = nhd. g, westf. ch herrscht um Gladbach und Krefeld: *jau* = geschwind, *jäl* = gelb, *jôn* = gehn. Die Mundart von Werden hat noch g, welches als nicht zu scharfes ch gesprochen wird. Wo östlich bis südwestlich von Werden niederdeutsches t zu z wird, da wird auch anlautendes ch zu j. Inlautendes ch vor t wird in den meisten Mundarten vokalisiert. Westlich von Barmen: *weit* = Wicht, Kölnisch: *geit* = Gicht, *schleit* = schlecht. Krefeld, Röttsches s. 52 u. 53: „Folgt auf g oder ch ein t, so wird g oder ch ausgestossen und a, e, i wird zu ei oder éi, o zu ou oder au, ö zu oi oder öi: *feit* = sagte, *reit* = recht, *meit* = Magd, *schleit* = schlecht, *kneit* = Knecht, *treiter* = Trichter, *breit* = brachte, *leit* = Licht, *löiten* = leuchten, *néit* = Nacht, *néit* = Nichte, *mout* = mochte, *plout* = pflückte, *fout* = suchte, *dauter* = Tochter. Vgl. auch englisches *night, right, slight, light, daughter**). M.-Gladbach: *neit* = Nacht, *deit* =

---

*) Dass das Volk der anglischen Sachsen aus dem altsächsischen Binnenlande und vom Niederrhein, nicht aus Schleswig-Holstein nach Britannien gekommen ist hat Schaumann in seiner „Geschichte des niedersächsischen Volkes" wahrscheinlich gemacht.

3

dachte, *saut* = sachte, *danter* = Tochter. Kr. Geldern:
kneyt = Knecht, *ante* = hinter. Aber Werden noch cht:
schlecht, verkocht, achter. Daher ist auch „nicht": *nét,*
niet, net in Mülheim. M.-Gladbach. Geldern, Mörs und
Kleve. Über anlautendes s lässt sich nur konstatieren, dass
Krefeld ſ, Werden *s* spricht. Anlautendes schl und
schm spricht man schon in Werden und Mülheim a. d.
Ruhr: *schläiu, schmiten, de schprenk* = der Quell. In- und
auslautendes scht = rst statt westfälisch st um Werden:
boscht = Brust, *koschte* = Kruste. (Auf der Wasserscheide
nach Essen hin in Schuir und Bredenei schon *bost, dost,*
wost.) Mülheim a. d. Ruhr: *boscht* = Brust, *baschtoor* =
Pastor. Geldern: *wörschken* = Würstchen. Im Inlaute
auch nach Konsonanten sch = ndd. śk und selbst ein-
fachem k: *dasche* = dreschen, *glitsche* = gleiten, *Kälsche*
= Karlchen, *heinsche* = Händchen, *möelsche* = Mühlchen.
mädsches = Mädchen (Werden, Krefeld). Auch *nischt* =
nichts und selbst *lätsche* = lass sie, *schmitsche* = schmeiss
sie (Mülheim).

Fast allgemein ist die Neigung auslautendes n nach
Vokalen in allen unbetonten Silben abzuwerfen. „Das
Krefeldische wirft, wie das altnordische das Schluss-n
des Infinitivs ab. Auch fehlt das n der 1. u. 3. Pers.
Plur. Praes. u. Praet. sowie des Part. Praet. bei den
starken Verben" (Röttsches). Werden: *meie* = mähen.
de änles die Eltern, *de fischkes* die Fischchen. Krefeld: *jerleife* verlieren, *bute* draussen. Vgl. Röttsches
s. 72. Gladbach: *kriegr* gekriegt, *mi* mein. Sogar
wie im Dänischen *mit* meines; *grine* weinen. Kr. Geldern: *spréke* sprechen. Kleve: *baje* - baden, *loje*
löten. Emmerich: *de verkes* die Ferkel. (Dieser
Plural der Deminutiva auf -ken geht nach Westfalen
hinein. Im Stift Münster hört man im Singular -ken,
im Plural -kes.) Daher westlich von Barmen: *mine man*

meinen Mann. Mörs und Gladbach: *no mine jader*
zu meinem Vater, *ene man* einen Mann. Krefeld: *den
brave man.* Dieselbe Erscheinung zeigt sich nach Mielck,
Ndd. Korrespondenzbl. VI, 29 „in den früher friesischen
Anteilen des niederdeutschen Sprachgebietes". Dass auslautendes n in dieser Weise abfällt, kommt in niederrheinischen, holländischen und flämischen Mundarten offenbar von der fränkischen verflüchtigenden Aussprache des
n als n^j.

Fränkisch ist es auch, wie mehrere Mundarten dieses
Kreises thun, nd als n^j und auslautend als n^k zu sprechen.
Dieser im Mitteldeutschen so häufige Übergang tritt in
Niederdeutschland nur dort auf, wo Franken im Spiele
sind. M.-Gladbach: *monk* = Mund, *häng* = Hände.
Kr. Geldern: *Englonk* England. Krefeld, Röttsches
s. 52: *blenk* blind, *kenk* Kind, *jenge* finden, *benge*
binden, *wenk* Wind. „Diese Nasallaute sind mit der
Sprache so enge verwachsen, dass einfaches n sogar
nasaliert wird, jedoch nur als ng im In- und Auslaute.
So haben wir *ping* Pein, *ling* Leine, *Tring* Ka-
tharina".

Hierher gehört auch wohl die im Kr. Geldern,
Gladbach und Mörs auftretende Form *ik koste, kos, koos*
- ich konnte, aus altem *konsta.* Emmerich *se begoosde*
sie begannen.

Die niedersächsischen Wörter *dwalen* = irren, *dwingen*
= zwingen, *dwas* = quer lauten meist mit tw an *(twenge,
twas).*

Auch zeigt sich schon holländische Vokalisierung
von l vor t. Krefeld: *hôt* = Holz, *stôt* = stolz.

Einige Besonderheiten zeigt noch die Mundart von
Kleve: Vor der Infinitivendung -en wurde aus dj und
d : j. *brijen* = beten, *kneijen* = kneten, *bräje* = braten,
loje = löten, *lüje* = läuten. Aber auch *laj*, f. = der
Laden, *schlöj* = Schlitten. Auch Geldern: *träjen* = treten.

3*

Hier wird ls nicht zu s assimiliert in *foks* = Fuchs und ld geht nicht wie im reinen Niederdeutsch immer in ll über: *schålder* = Schulter.

b. Die Endung e in Substantiven und in Adjektiven verharrt auf diesem Gebiete noch meist. Doch überwiegen schon Formen mit abgefallenem e in Krefeld und namentlich in Kleve. *de håſ'*, *de hån'*, *de håk'*, *de nöſ*, *de tonn'*. Auch im Kr. Geldern *de hoaſ* = der Strumpf.

Die 1. u. 3. Person Plur. Praes. lauten auf -en (daraus -e), -ent, nicht wie in Westfalen und Niedersachsen auf -ed. Krefeld: *se dont, stont, jenge.* Kr. Geldern: *se schlånt,* M.-Gladbach: *se schnüffeln, se söke.* Mörs und Emmerich: *se hübben, hebben.*

In Krefeld, Mörs und Kr. Geldern tritt im Part. Praet. bereits die unsächsische Vorsilbe ge- auf: *gekomme, gegange, gefonge.*

„Uns" heisst *ös, ös, us*; „unser": *ſſe, uſe.* Jedoch schon Krefeld als Dativ *öus.* Kleve *ous.*

Mühlheim a. d. Ruhr zeigt für possessives „euer" die eigentümliche Form *inke,* in Werden *önke,* für „euch": *ink, önk.* Dieser altsächsische Dual geht nach Woeste in Westfalen östlich bis Nieheim.

Werden hat *göt* = ihr. Daraus in Südwestfalen (Woeste, Wetter a. d. Ruhr) *it.*

§ 13. *Die Mundarten der sächsischen Niederlande.*

a. In den unter II zusammengefassten Mundarten ist anlautendes ſ weich. Jedoch wird im Norden von Westfalen noch in der Grafschaft Diepholz scharfes s gesprochen. Anlautendes sk hält sich als s-ch. *s-cholte* = Schulze. Die Deminutivendung -ken hat die Neben-

form *-jen, -je. duufken, bruutjen.* Im südlichen Ostfriesland heisst *häsje* = Häuschen, aber *häske* = Gehäuse.
Auslautendes cht und sk werden mit besonderer Neigung ch und s gesprochen: *de luch* = die Luft, *de vis*
= der Fisch, *fleis* = Fleisch, *fris* = frisch. Wie überall
in den Niederlanden und in der ndd. Nordseemundart
dralen, dwars, dwingen. In Westfalen dagegen und den
angrenzenden nördlichen und östlichen Mundarten: *twialen,
twas, twingen.* Jedoch noch im Münsterlande *dwank* =
Zwang, *dwallechte* = Irrlicht.

Strichweise wird anlautendes altes hv als b gesprochen (*boe* = wo). Gallee in „Onze Volkstaal" I, 116.

b. Das Endungs-e hält sich: *in den hufe* = in dem
Hause, *zönne* = Sohn, *bekke*, f. = Bach, *de zunne* = die
Sonne. Noch im südlichen Ostfriesland: *bedde* = Bett,
geode = gute. In den Plural der st. masc. Substantive
ist hier vielfach die holländische schwache Form (-en)
eingedrungen. An der mittleren Küste Ostfrieslands
scheiden sich *de müfen, füsten,* von *de müf', de füst'.*

„Unser" heisst noch in Rijssen *oeize;* holländisches
onze scheint häufig.

Halbertsma verzeichnet *hee* = sie „vooral als er
sprake is van een klein meisje. hee spult = zij speelt.
Angels. hio."

Die 1. u. 3. Pers. Plur. Praes. enden überall auf -et:
wi gout, se doot, se bleujet. Fast überall tritt das Particip des Praeteritums mit vorgeschlagenem e auf: *eloggen*
= gelogen, *estorven* = gestorben.

Für wir sind ist *wi bint, bänt* häufig, eine Form
die in Westfalen nicht vorkommend, sich nordwärts in
Ostfriesland, in Stormarn, Ditmarschen und Holstein
vorfindet.

§ 14. III. *Die Sprache der Nordseeküste.*

a. Anlautendes s scheint in Ostfriesland nach Stürenburg und Hobbing mit gewissen Ausnahmen weich gesprochen zu werden. In Jever ist dasselbe jedoch meist scharf. Ausnahmen sind z. B. *fäge, fort.* Anlautendes sk hält sich als s-ch bis Jever westlich der Jade. Greetsiel in Ostfriesland: *spra* mager, *syäp* Schaf. *s-chipper* Schiffer. *falfk* falsch (f weich). In- und auslautendes sk bleibt bis über Bremen hinaus, wahrscheinlich bis zur Unterelbe. In ganz Schleswig-Holstein sagt man dagegen nur *disch, fisch.*

Wahrscheinlich wird anlautendes t und p überall gehaucht gesprochen (*de phot* = der Topf, *de than* der Zahn, während im Binnenlande reine Tennis herrscht. Wo die Grenze ist, scheint unbekannt zu sein.

Das Ditmarsche ist die einzige Mundart, welche inlautendes p und t erweicht. *snbben* = saufen, *schibber* = Schiffer, *gronde* = grosse, *wadr* = Wasser, *winde* = Winter, *soide* = siiss, *bodder* = Butter, *wuddel* = Wurzel, *nadd'n* = nassen. So wird auch organisches ch : g: *jughn* = juchzen, *laghn* = lachen. Das zu g erweichte ch u. k wirft dieser Dialekt in der Bildungssilbe -ich, -lik ganz ab. *fründli* = freundlich, *däsi* = duselig. Aber im Plural *fründlige, däsige.* Auch das t des Auslauts cht wird abgeworfen: *buch* = Bucht.

Anlautendes wr hält sich, während es in den unter IV und V zusammengefassten Dialekten zu fr. br. r wird. Überall herrscht *dir* in *dringen, dras, dralen.* In der Kremper Marsch *dweerlecht* = Irrlicht, *dretern* = beseufzen, *dreweln* = watscheln, *dru!* Ausruf des Entsetzens.

Der Übergang von nd : n⁹ scheint nur im Lüneburgischen vorzukommen (*anger* = unter, *angern* = andern).

Eigentümlich ist diesem Mundartenkreise auch *fewer, fewrer* = Käfer. Schon mnd. *fewer* neben *kewer.* Das f für k erinnert an das friesische ts, tsch für k.

b. Die Verschweigung des Endungs-e im Plural der starken Substantive, in der 1. Pers. Sing. Praes., im Praeter. des schwachen Verbs und im praedicativ gebrauchten Adjectiv ist streng durchgeführt, *de mäf'*, *de fänn'*, *ik bit'* ich beisse. *ik bräk'* ich brauchte und ich brauche. *he es föt'* er ist süss. Es ist nicht so, dass überhaupt das auslautende -e zweisilbiger Wörter, die den Ton auf dem ersten tragen, still wird. Man sagt: *dat witte brod, de dumme kerl*. Bekanntlich stimmen in diesem Punkte der Norden und der Süden Deutschlands überein.

Von der Ems bis fast zur Elbe heisst „uns" *us*. „unser" *use*. Ebenso im Hoyaschen und wohl auch im Lüneburgischen *us*, *üse*, aber an der Elbe und in der Prov. Schleswig-Holstein überall *uns*, *unf'*. „Die Grenze läuft, wie mir Herr Direktor Krause mitteilt, west-lich von Stade über den Geestrücken von Süd nach Nord. Die Elbseite (wenigstens nördlich bis zur Ostemündung und südlich so viel ich weiss noch Buxtehude umfassend, also ziemlich sicher bis vor Harburg) spricht *uns*, *unf'*. Die Weserseite *us*, *üse*, ungefähre Scheide zwischen Bremervörde und Tostedt." In der Grafschaft Hoya bleibt e (*wife*.. weise, de *böme* - die Bäume).

Im Particip findet sich nirgends eine Spur eines Praefixes ge- oder e-. Das Neutrum des starken Adjectivs, welches in Westfalen auf -ed auslautet (*sa'n stumped mest* so ein stumpfes Messer) weist nur die nackten Formen auf. Der Plural des Praesens endet überall auf -ed. In diesem Punkte schliesst sich das einst wendische Ostholstein an. Die Grenze liegt östlich von Lübeck. Es ist die einzige wendische Landschaft, die dies Kennzeichen der alt- und angelsächsischen Volkssprache teilt.

Beim starken Verbum herrscht im Vergleich zu den binnenländischen Mundarten die Neigung, den Vokal des

Indic. Praet. aus dem Plural zu nehmen: *ik junn* = ich fand, *ik süng* = ich sang. Daran schliessen sich dann Formen wie *ik jull* = fiel, *hult* = hielt, *gunk, junk.* Südlicher: *ik jell, held, genk, fenk.* Während man in Jever noch *ik siin* = ich bin spricht (westf. *ik sin, sen*) herrscht sonst an der Nordsee *ik bin, bün.* An vielen Stellen, noch bis Kaltenkirchen in Stormarn, und wieder in Angeln tritt die Form *se bünt, bint* = sie sind auf. Zwischen Unterweser und Elbe scheinen die weit verbreiteten Formen *jem, jüm* = ihnen, *jem* = ihm, ihn recht zu Hause zu sein.

§ 15. IV. *Die Mundarten des mek-Gebietes.*

a. Zwischen Magdeburg und Westfalen spricht man in den östlicheren Landschaften, im Magdeburgischen, Braunschweigischen und Hildesheimschen noch anlautendes g als j. Braunschweig: *et jifft, jäl, jesunt, ejetten.* Hildesheim: *jelt, jleu'ks* gleich, *jeristet.* Um Fallersleben nach Hoffmann g vor a, o, u; j vor e und i. Über anlautendes j und g handelt ausführlicher Ph. Wegner, Magdeb. Geschichtsblätter XIII s. 13 bis 16. Das an das Magdeburgische stossende mitteldeutsche Gebiet südöstlich von Stassfurt hat g. Westlich der Leine spricht man wohl schon überall ch, jedoch nicht wie in Westfalen χ_2 sondern stets χ_1. Jühnde bei Dransfeld: chråte grosse, chiff = gieb.

Scharfes anlautendes s wird wenigstens an der hessischen Grenze gesprochen: *(eek sfin chefsunt).* Am Solling: *fseuin* = sein. In den meisten Gegenden herrscht wohl weiches f. Das benachbarte Nordthüringen hat auch noch weiches f *(fein, wefen),* wohingegen im südlichen Thüringen *sfein, wefsen* gesprochen wird.

Altes sk ist meist sch *(fische).*

Sl, sm etc. halten sich. Über die Grenze gegen schl, schm etc. im Magdeburgischen vgl. Wegner, Magdeb. Geschichtsbl. XIII, s. 26—28 und Winter IX. s. 109.

Das d nach n und l vor Vokalen zu bewahren und sogar ein d nach diesen einzuschieben ist dem niederdeutschen Nordthüringergau eigentümlich: *hinder, kinder, kelder* = Keller. Schönebeck: *alderdings, einder, dulder* = toller, *telder* = Teller.

b. Das Endungs-e verharrt überall *(de häfe, sträte.* Der Plural des Praesens endet auf ed, et. Erst bei Magdeburg tritt -en auf. Allen Dialekten gemeinsam ist die Vorliebe für das Praefix e- beim Particip: *ebracht, ehad, ejaget, ewest* = gewesen. *efein* = gesehen.

Das Neutrum des st. Adjektivs hat die Endung ed, et. Nördlich noch bis Celle: *en lütjet licht.*

„Unser" heisst in der Nähe der Elbe noch *unfe.* Vgl. Wegner, Magdeb. Geschichtsbl. XIII, s. 25. Westlicher *üfe.* „Uns" heisst um Goslar und um Deister *usch,* um Fallersleben *usch.* im Braunschweigschen *üsch,* in Hildesheim *öfek.* im Göttingischen *ösch, öfek,* am Solling *infe* = unser. Das possessive „ihre" heisst überall *öre,* nicht *ere* wie unter III; „ihm" ist *öme,* „ihn": *ön,* „ihnen": *öne.* nicht *em, en* wie unter III.

Die niedersächsischen und westfälischen Pronominalformen *mi* und *di* lauten *mek, dek (mik, miek* u. s. w.). Die Grenze dieser Formen ist zuerst von Seelmann (vgl. Korrespondenzbl. des Vereins für ndd. Sprachf. III, 34 f.) gekennzeichnet worden. Am Wichtigsten ist die West- und Nordgrenze. Diese hat Babucke in seinem Aufsatze „Über Sprach- und Gaugrenzen zwischen Elbe und Weser" im Ndd. Jahrbuch VII, 71—79 genauer festgestellt. Sie läuft von Hessisch-Oldendorf an der Weser nordwärts auf das Steinhuder Meer zu und überschreitet von hier aus nordostwärts gehend die Leine und Aller

unweit ihres Zusammenflusses und erreicht bei Müden
nicht weit von Ülzen ihren nördlichsten Punkt. Dann
wendet sie sich scharf nach Südosten, zieht bei Wittingen
vorbei nach der Gegend von Neuhaldensleben an der
Ohre und folgt diesem Flusse bis zur Elbe. In Bern-
hardi-Stricker's „Sprachkarte von Deutschland" (Kassel
1849) s. 127 sagt Grote über die Nordgrenze des mik-
Gebietes: „Dieselbe liegt von Hannover ab gegen
Bremen zu ungefähr zwischen Nienburg und Hoya,
gegen Hamburg zu congruiert sie fast mit der Wasserscheide des Elbe- und Wesergebietes, die überhaupt,
obgleich sie nur in eine völlige Ebene fällt, doch seit
Jahrhunderten manche Eigentümlichkeiten scheidet, wie
sie denn auch in numismatischer Hinsicht bis auf den
heutigen Tag (1841) die Grenze zwischen der Groschen-
und Schillingsrechnung bildet, wie sie von 1130 bis
cc. 1430 die Grenze zwischen der Denar- und Brakteaten-
münze bildete".

Die Strasse von Nienburg nach Verden führte den
Namen der Hesseweg. In der Stiftungsurkunde des
Bistums Bremen wird eine via Hassica erwähnt. Ein
Moor bei Uchte südwestlich von Nienburg a. d. Weser
heisst „das hessische Darlaten".

§ 16. V. *Die westfälischen Mundarten.*

a. Anlautendes s wird in Westfalen scharf gesprochen. Doch scheinen im südlichen Teile Mundarten
mit weichem f zu existieren. Anlautendes sk hält sich
überall als s-ch. in- und auslautendes bleibt überall erhalten. Doch gehen die Kreise an der Grenze des
Niederfränkischen und Niederrheinischen jetzt zu hoch-
deutschem sch über. Das Ravensbergische erweicht in-
lautend zwischen Vokalen p : b und t : d. Anlautendes

w = altem hv wird im Sauerlande und westlich in der
Grafschaft Mark bis Wetter a. d. Ruhr und Kierspe in
gewissen Wörtern zu b. Es sind *bai* = wer. *bat* = was,
bo = wo, wie. *bann* = wann. Auch Übergang von altem
einfachen w zu b kommt vor *(biefebāum* = Wiesbaum,
buffeln = wusseln. *bulst* = Wulst. *banteske* = *wanteske*).
In Südwestfalen hört man auch *ji* = *wi* (wir). Altes wr
ist br. fr und r. *bruiben* = reiben. *frist* = Handgelenk,
ringen = wringen. *fräit* = scharf.

Ebenso ist wl : bl geworden in *blômen* = trüben. Im
kölnischen und märkischen Süderlande fällt inlautendes
w und g in der 2. u. 3. Pers. Sing. Praes. starker Verben
aus: *he kritt* = er kriegt. *he gitt* = er giebt. *he blitt* = er
bleibt. Büren: *et giet* = es giebt. Lippstadt: *se krit*
= sie kriegen. Wetter a. d. Ruhr sogar *he hiett* = er hat.

Das in andern niederdeutschen Mundarten und im
Hochdeutschen vokalisierte inlautende w, j erhält sich in
Westfalen: *brauwen* = brauen. *blauwe* = blaue. *frauwe* =
Frau. *houwen* = hauen. *dāw* = Thau. *grüw* = grau. Und
in andern Mundarten.(Lippstadt. Werl. Büren. Marsberg.
Sauerland. Limburg a. d. Lenne): *hoggen* = hauen. *mogge*
= Ärmel, *frugge* = Frau. *buggen* = bauen. *brojje* = Brühe.
spuijjen = speien. *äij* = Ei. Übergang von nd : ng *(hinger*
= hinter. *onger* = unter. *winge* = Winde) findet sich nur
um Büren. Brilon und Plettenberg. Anlautendes hochdeutsches g ist ch. Östlich noch in Barssen bei Pyrmont:
chān, *chawen*. südlich in Kierspe und Halver: *chalgen*,
cheld, chiewen. Im südlichen Westfalen ist *nit* = nicht.

b. Der Gebrauch des Accusativs und Dativs ist fast
ganz derselbe wie im Hochdeutschen. Beide Kasus
scheiden sich bei den starken masc. und neutr. Substantiven streng, indem der Dativ sein Endungs-e behalten muss *(dän fiske.* nie: *dän fisk).*

Das tonlose e in Endungen bleibt durchaus erhalten.
ik danse, spiele. de hâne = der Hahn. *dat hurle* = das

Herz. Man zählt *äine, träie, dräie, juiwe*. Das Neutrum des starken Adjektivs lautet auf -ed. Daneben bestehen nackte Formen.

Der Dativ und Accusativ zu *ik* und *du* lautet *mi, mi, di, di*. Doch kommen im südöstlichen Westfalen und zwar nur dort, folgende Abweichungen vor: Um Büren, südlich von Paderborn *mei* = mir, *mik* = mich, *dei* = dir, *dik* = dich. Um Paderborn ebenfalls Dativ *mei, dei*, Accusativ in der Regel *mei, dei*, daneben *mik, dik*. Im Sauerlande, nach Grimme, Dativ: *myi, dyi*, Accusativ *mik, dik*. Ebenso steht dort *séi* = sich mehr für den Dativ des Sing. und Plur., *sik* für den Accusativ. Daneben *iörk* = sich als Dativ und Accus. Pluralis. Hagen bei Allendorf: *miek* = mich. Plettenberg: *dek* = dir. Halver: *mick* = mich. Auch im Waldeckschen *mi* und *mik*.

Ein Strich von Werden a. d. Ruhr über Hagen und Iserlohn östlich bis Nieheim hat *it* = ihr, *ink* = euch.

Im nördlichen Westfalen werden Frauen jedes Alters mit *et* = es bezeichnet. *„Dat's hei un sin et“* = das ist Er mit Ihr.

Beim starken Verbum zeigt das südliche Westfalen eine Eigentümlichkeit, die sonst nirgends in Niederdeutschland vorkommt. Die 2. u. 3. Sing. Praes. bewahrt (event. mit Umlaut) den langen Vokal der 1. Singularis: *he ferluiifet* = er verliert. *he kruiipet* = er kriecht, *du schreiwes* = du schreibst. Nordwestfälisch *du ferlüst, he krüpt, du schrifs*.

Der Plural des Praesens lautet überall auf -ed.

Mit den Mundarten östlich der Weser haben die westfälischen gemein, dass sie das alte Ablautsystem der starken Konjugation sorgfältig erhalten. Ostwestfälisch: *singe, sank, süngen, sungen; liafe, las, laifen, liafen; nieme, nam, näimen, nuomen; grawe, greof und granf, groewen, gräben; gruipe, graip, griepen; kruipe, kräup, kräupen, kruapen; fräise, jräus, früefen, jruarn.* Bei Schambach: *finge, fung, füngen, efungen; löfe, lus, læifen, elöfeu; nöme, nam, neimen, enômen: gräue, grauf, ik groiwe. egriben; gripe, grép, egrépen; kräpe, kröp, ekrópen.* Die münsterisch-osnabrückische Mundart ist nicht mehr so konservativ: ik *singe, sunk (sünk); fergiete, jergat, fergatten, jergieten; grine, green, greenen, grünen; krüpe, kraup, kräüpen, kruapen; scheete, schuot, schüöten, schuaten.*

„Ich bin" heisst in Westfalen meist: *ik sin, sen,* sie sind: *se sint, sinu, sent* (im Sauerlande noch *se syt*).

B. Mundarten in den Kolonien.

§ 17. VI. *Die meklenburgisch - vorpommersch - märkischen Mundarten.*

a. Anlautendes ſ ist überall weich (ausnahmsweise in Meklenburg *sü* = sieh, *só* - so). Über anlautendes sl, sm etc. in der Altmark bemerkt Danneil s. 181, dass sie sich dem hochdeutschen Laute näherten. Nach Gilow herrscht schl, schm in ganz Altvorpommern und auch schon grösstenteils in Neuvorpommern. In Meklenburg-Strelitz und der Ukermark durchaus schl, schm etc. Das in- und auslautende sk ist fast überall sch. Nach Nerger wird sk binnen kurzem als ausgestorben betrachtet werden können. Nach Gilow sprechen alte Leute um Anklam noch *disk, jisk.* Auch in der Altmark kommt auf dem Lande noch *flesk, jisk* vor.

Ein slavischer Laut ist das weiche ſch in *wufchig* = unaufmerksam, *nufcheln.* Deutsch ist dagegen das weiche inlautende ff in den pommerschen Wörtern *biffen, buffen, giffen* = durchlassen, *guffig* = aufgetrieben, *muffig* = träge. Übergang von inlautendem d zu r ist in diesen Gegenden besonders beliebt. Eine ausführliche Beispielsammlung bei Gilow s. 32—38.

Das *er* in Wörtern wie *bäcker*, *snider* lautet in Meklenburg noch wie im Englischen und Neuhochdeutschen ö^r. Aber im Osten Meklenburgs, in der Ukermark und in Vorpommern sagt man bereits *de bäcka*, *de tälla*, *de jinga*. Anlautendes g = nhd. g herrscht in Meklenburg-Schwerin und Pommern. Aber in Strelitz, der Ukermark und Altmark ist g : j. (*jelt*, *jift*, *jolt*, *jefellen*, *intjejen*.)

In Meklenburg wird j in hochdeutschen Wörtern gern wie dfcha gesprochen. Dies kömmt auch bereits in den Nordseemundarten vor z. B. in Bremen und Hamburg. Ursache ist vielleicht, dass die Mundart kein j vor a hat.

Altes anlautendes wr hält sich überall. Meklenburg *wringen*, *wrist*. Ukermark: *wrangen*. *Wriedt*. Pommern: *writen* = wurzeln, *wratt* = Warze, *wraus* = Rasen, *wruke* = Steckrübe.

Dw = binnenländischem tw in *dwingen*, *dwas*, *dwel* = Handtuch (jedoch Strelitz: *vatwas* = quer, *en twall* = eine Närrin: Ukermark: *twall*, *twingen*).

b. Das Endungs-e ist überall in derselben Ausdehnung still wie im Nordseeniederdeutschen.

„Unser" heisst überall *uns*.

Der Plural des Praesens endigt nur auf -en.

Die veralteten Plurale *de hinnen* = die Hände, *de schun* = die Schuhe (in Pommern) deuten auf holländische Einwirkung.

§ 18. VII. *Hinterpommersch-preussische Mundarten.*

a. Anlautendes nhd. g scheint in Hinterpommern wie g, in Westpreussen aber wie j gesprochen zu werden. In Danzig: *jans*, *jestern*, *ik jung*, *jrämde*. Auch in Ostpreussen (Braunsberg): *jeist*, *n'je* = Neige.

Wenn schon dieses märkisch-westpreussische j nach dem Niederrheine weist, wo allein in Altniederdeutschland

es vorkömmt. so drängen andere Besonderheiten der hinter-
pommerschen und preussischen Mundarten, die sich nur
am Niederrhein und in Westfalen wiederfinden, fast mit
Gewissheit darauf hin, dass die Kolonisten in Hinterpommern im Wesentlichen Westfalen und Leute vom
Niederrhein, die in ganz Preussen vorzugsweise Nieder-
franken und Niederrheinländer gewesen sind.

Nd wird ng: Rastenburg: *unga* = unter. *angre* =
andre. *hanj* = Hand, *geschwing* = geschwind; Königsberg:
kinger = Kinder: Elbing: *hinger* = hinter, *jingen* = finden;
Danzig: *weng* = Wende, *schlung* = Schlund, *funge* = gefunden, *stung* = Stunde, *ung* = und. In Hinterpommern
nachzuweisen um Köslin: *wunger* = Wunder. Auch
weiterhin in der Neumark, in Tornow, Kr. Landsberg:
kinger = Kinder: im Oderbruch: *van enge to wenge, de
ungeverdschen.*

b. Das Neutrum des st. Adjectivs endet auf -et:
*du schlechtet tver! dammeliget, en godet Jungken, gruriget,
oldet.* Der Abfall des Flexions -e ist nicht so allgemein,
wie in Vorpommern (*to hope* = zusammen, *täne* = Zähne.
rügge = Rücken, als Dativ). „Unser" heisst wie in Westfalen *use*, „uns" *os* bei Köslin: bei Stargard *uofe;* Neustettin: *üse;* Pyritz *ois vatta* = unser Vater, *os* = uns:
Tornow bei Landsberg *uos* = uns. „Nichts" heisst *nuscht*
wie am Niederrhein. im Samland, in Königsberg, Elbing:
nischt um Köslin und in der Neumark. Auch das scht
in jenen Gegenden (*järschten, du weerscht*) ist fränkischer
oder thüringischer, nicht wendischer Einfluss.

Am wichtigsten ist, dass das auslautende n nach
Vokalen ganz in derselben Weise abfällt, wie in den
Mundarten unter I am Niederrhein.

Samland: *singe* = singen: Rastenburg: *râde* = raten.
geräde = geraten, *bromme* = brummen: Königsberg:
baore = oben, *kaome* = gekommen. *aope* = offen, *griene*

= weinen, *denke* = denken; Danzig: *darwe* = dürfen,
heede = hüten. *bedide* = bedeuten. *junge* = gefunden; bei
Köslin: *reike* = reichen, *de busch* = den Busch, *ni* = kein;
Neustettin: *bringe* = bringen, *denke* = denken, *schenke* =
schenken, den *backave* = den Backofen. Schellin bei
Pyritz: *bringe* = bringen.

§ 19. *VIII. Die Grenzmundarten gegen das Mitteldeutsche
in der Pr. Brandenburg etc.*

Zu den Mundarten südlich der Linie Königsberg i.
Nm.-Berlin-Magdeburg giebt es fast gar keine zuverlässige
Quellen. Allein die Mundart des Flämick ist durch die
Abhandlung von Stier, die Mundart am rechten Elbufer
durch Winters Aufsatz in den Magdeburgischen Ge-
schichtsblättern einigermassen bekannt.

Anlautendes nhd. g wird in diesen Mundarten j gesprochen (*jrôt* = gross, *jarn* = Garn, *jripen* = greifen).
Sl, sm, sp etc. lauten stets schl, schm, schp. Vgl. Zusätze.

Wörtersammlung.

adbar = Storch. Ditmar-
schen, aiber Groningen,
uiver, eyber Oberyssel,
åbár Göttingen (selten).
hadbar Ditmarschen, hå-
lebât Altmark. heile-
bârt Fallersleben.
akse = Streit, äkse sôken
Münsterland. Sächs. Nie-
derl. (aksie).
albeer aalbezie (Alant-
beere). Oberyssel.
a'enbauk. en Abcbuch.
Paderborn.
anden. beanden beach-
ten. Südwestvorp.
ånden, ånen = mutmassen.
Südwestvorp.
anneke-besseväuer =
Urgrossvater. Rijssen,
Sächs. Niederl.
anke. f. Ableger. Neu-
mark.
ans - wenn. Celle.
arste Arzt. Kleve.
arweggen — arbeiten. Pa-
derborn.

åfel = Schnuppe. Südwest-
vorp.
åfig = schmutzig. Münster.
åü Aue. Werden; euj
Kleve.
äul = Anger am Wasser.
Sauerland.
balstürig = grob wider-
setzlich. M. Strelitz.
bànt - Blaugras. Ditmar-
schen. bent Moor. Lippe.
banni = adv. gewaltig. sehr.
Ditmarschen.
bàre, f. Barte. Fallersleben,
bäur'n. f. Ravensberg.
bäfinge = Bickbeeren.
Oderbruch.
bäste móder Gross-
mutter. Krefeld. bäsde
muder Mühlheim a. d.
Ruhr. M.-Gladbach, bäste-
moeme Paderborn. beste-
vaar Enschedé, beste-
vader Barmen.
basteln hantieren M.-
Strelitz.
bäü Erntezeit. Werden.

4

b a u s e n mit dem Finger
bohren (he b a u s t in
de iér). Südwestvorp.

b e d i l l e n betrügen. Südwestvorp.

b e g ä d e n = den Acker zur
Aussaat bearbeiten. Süd-
westvorp.

b e i e bähen. Werden.

beck, m.- Bach. Lüneburg.

beppe Grossmutter. En-
schedé. Rijssen.

b e e r e n sich benehmen.
Ditmarschen.

beschweoen ohnmächtig
werden. Paderborn.

bett, jidet paar bett,
jedes zukünftige Paar.
Münster (Terfloth, Plattd.
Rieme s. 128). b e t t a u
gå u weitergehn.

bicksbeere Bickbeere
Südwestvorp.

bileken kinner Ge-
schwisterkinder. Neumark.

bläkerig räucherig. Süd-
westvorp.. Altmark. Neu-
mark.

bläken — bellen Südwest-
vorp.. blieken Paderborn.

blôk. n. Beet. Fallers-
leben.

b l e n d l i n g Schlange
Südwestvorp.

blied freundlich. Ditmar-
schen.

bliss Stirn. Südwestvorp.

blom ·trübe (vom Wasser).
Ravensb., flaim Sauerland.

blôten mähen. Sächs.
Niederl.

bluëtte . altes Messer
Soest (18. jh.).

blucken, afblucken
abblitzen. Südwestvorp.

bluosse Blüte. Oder-
bruch.

blüfen „fischleuchten“,
bei Licht Fische fangen,
Tabak qualmen.

b o d d e unfreundlicher
Mensch. budde Hage-
stolz, alte Jungfer. Bentheim, Drenthe, Oberyssel.

bōke · pochen. Kreis Kem-
pen.

bokelt bunt. Diepholz.

bölken schreien (von
Ochsen). Südwestvorp.

bonen .mitWachs glätten.
Südwestvorp.

bôrg Schwein. Rijssen,
barg Hunsingo-Groning.,
Oldenburg.

börnen = tränken. Südwestvorp.

bos Eber. Jever.

boos Stall. Ditmarschen.

bosem Rauchfang.Münster.

51

brammen weinen. Paderb.
bräschen — prahlen. Süd-
westvorp.
breme, Gehirn. Lippe-
Detmold.
brennkärl Irrlicht. Diep-
holz.
brensche wiehern. Süd-
westvorp.
breudeln mit Unwillen
sprechen. Südwestvorp.
brüden— necken. M.-Glad-
bach, Südwestvorp.
bruddeln schlecht ar-
beiten. Südwestvorp.
brugge, f. Butterbrod.
Rijssen, Laren, Groningen.
Westfriesland.
brufch ⸗ Beule. Danzig.
brufen brünstig sein.
Südwestvorp.
brutt ⸗ abstossend. Ditmarschen.
buddeln ⸗ (Kartoffeln) auf-
nehmen. Südwestvorp.
bud, butt ⸗ junger Ochse.
Nordwestfalen, Diepholz;
butt ⸗ grob. Westfalen,
Diepholz; ⸗ böse aus-
sehend. Fallersleben; bud-
der ⸗ ungezogenes Mäd-
chen. Kremper Marsch.
boékse ⸗ Hose. Enschede,
boxe Barmen.
buète ⸗ Flachsbund. Kr.

Kempen; bäute, f. Ra-
vensberg.
bull ⸗ Bulle. Oldenb., bölle
Rijssen, Oberyssel.
bulten, m. ⸗ Erhöhung.
Fallersleben, bült ⸗
Haufen Jever.
büne, f. ⸗ Buhne. Kleve.
bür, f. ⸗ die Zieche. Sächs.
Niederl.
büsk, m. ⸗ Buschholz.
Rgbz. Münster, Limburg
a. d. Lenne.
butze. f. ⸗ Verschlag,
Lehmhütte. Ravensb., Fal-
lersleben.
butz ⸗ Kuss. Barmen, büt-
sen ⸗ küssen Emmerich,
M.-Gladbach; possen ⸗
küssen Danzig.
buttern ⸗ anpochen. Süd-
westvorp.
buwwern ⸗ Gichtbeeren.
Diepholz.
dabeln ⸗ würfeln. Ditmar-
schen.
däll ⸗ Tenne. Lippe-D.,
dähl Prenzlau, deel
Hunsingo-Groningen,
delle Laren, Hengelo.
därp ⸗ Dorf. Osnabrück,
darp Sächs. Niederl.
doäz ⸗ Kopf. Prenzlau.
deffen ⸗ schlagen. Südwestvorp.

4*

d e i f e n , f. weibliches Kalb.
Nordthüringen.

deier, n. Dirne. Paderborn.

d e â r n e Rijssen.

d i n f e n = Dienst wechseln
(am Tage Dionysius). Süd-
westvorp.

d i s i c h e i t = Eigensinn.
Jever.

d ö k k e s = oft. Elberfeld,
d ö k s Krefeld.

d o c k e . f. Dachdocke. Barmen, Westfalen.

d ö n z e = Wohnstube. Minden.

d o n n e = gespannt. Westf.;
= betrunken. Rijssen; d ü n
= trunken. Hunsingo-Gro-
ning. ; == dicht. Bremen;
d ü n e gespannt, betrunken.
Neumark, Nordthüringen.

d ö r e n b l â f e = Wirbelwind.
Paderborn.

d ö r p e l = Schwelle. Werden,
Barmen.

d r a p e n = treffen. Ditmarschen, M.-Strelitz.

d r ä b e n = läufisch sein. Südwestvorp.

d r a a . adv. bald in „z o
d r a a ". Sächs. Niederl.,
Westfalen.

d r ô s = schlechter Grund.
Sächs. Niederl.

d r â l e n = zögern. Drenthe.

d r u f e n = schlummern. Südwestvorp.

d u d d i k , die Klappe an
der Bettwand nach der
Diele zu. Minden.

d u g e n , d u w e n = zucken,
heftig gespannt sein. dat
d û g t in'n f i n g é. Südwestvorp.

d u n n = dann. Meklenburg,
Vorpommern.

d u n n e e g g e = Schläfe.
Oberyssel.

d û p = Tiefe. Südwestvorp.

d ü r d o m = Teuerung. But-
jadingerland.

d ü f i n g = Schwindel. Prenzlau.

d u s t = Staub. Ditmarschen.

d u t t = Haufen. Ditmarschen.

d w e t e r n = bejammern.
Kremper Marsch.

d w e u e l n = watscheln. Kremper Marsch.

d w ä l = Verzweigung. Südwestvorp.

d w ä l l e c h t = Irrlicht. Bor-
ken i. Münsterlande.

e c h t e r = aber. Emmerich.

e e k e r i g = braun (von Wall-
nüssen). Sächs. Niederl.

e l b i s c h = kopfkrank. Fallersleben.

e l s e n h o l t = Erlenholz. M.-
Gladbach.

e l k = Iltis. Ditmarschen.

e n k e l , n. = Fussknöchel. Barmen.

enk = Kleinknecht. M.-Gladbach, e n k e = junger Knecht. Fallersleben.

e n t = Riese. In „d a t e s m å l e n e n t". Ravensb.

e n t e l b u t t = Dickdarm. Prenzlau.

e r p e l = Enterich. Fallersleben.

e t t e r = Eifer. Paderborn.

f a k e s = oft. Barmen.

f a h l, f a h l e n = Füllen. Ditmarschen, Oldenburg, f o o l e n Hoya, föllen Münster, f ü l l e n Saterland.

v a n d a g = heute. Kr. Geldern, Krefeld.

f a l s c h = verdrossen. Westf., Danzig.

f ä r = unfruchtbar. Ditmarschen. Oldenb.

v o a r e n = reiten. Oberyssel.

f e l g e n = die Stoppeln unterpflügen. Westf.

f e u e l, m. Aufnehmelappen. Ditmarschen.

f i m m e, f. Getreidehaufen. Hildesheim.

f l a u t = Wassergraben. Westfalen.

f l o t t, n. = Sahne. Fallersleben, Braunschweig, Altmark.

f ó s s i g = dünn. Sächs. Niederlande.

f r ä i t = scharf. Paderb; f r ê t = gesund. Barmen, Münsterland.

v r e n s k e n = wiehern. Sächs. Niederlande.

f r i g o a t e = Heirat. Neumark.

v r o c h e n = umzäunen. Sächs. Niederlande.

f ü l l e n = schöpfen. Prenzlau.

f ü n t e = unwillig. Paderborn.

f ü s k = geschwinde. Münster.

g a f f e l t a n g e = Ohrwurm. Nordwestf., Sächs. Niederl.

g a l l e r n = auspeitschen. Paderborn. Fallersleben (Bornholm: g a l r e = skölle, adskille).

g a l m e n = weinen. Nordthüringen.

g ä l s t e r n = bleich. Nordthüringen.

g a n k e n = ächzen, Atem holen. Vorpommern.

g a n d e r = Gänserich. Fallersleben; g a n n e r t. An der Bode.

g e i e, f. die Schwade. Sächs. Niederl., j ô n Nordthüringen, j ä i n e n Nordwestfalen.

gelle = unfruchtbar. Nordthüringen.
geen = kein. Emmerich, Kr.
Geldern, gin = kein. En-
schede.
gêren = ein keilförmiges
Stück. Nordthüringen,
gêrn = Ackerbreiten. Alt-
mark. Westf. (in Namen).
gesch = Schaum. Neumark.
get. jet = etwas. Kr. Geldern, M.-Gladbach.
ginfeln. günfen = win-
seln. Vorpommern, Oder-
bruch, Altmark, Westfalen.
gissen = gischen. Meklenb.-
Strelitz. = durchlassen.
Vorpommern.
gluimen = still lächeln.
Paderb.
gnatte, f. = kleine Mücke.
Fallersleben.
gniden = glätten. Südwestvorp.
gnifen = grinsen. Südwestvorp.
gnuücheln = behaglich
lächeln. Paderborn.
gónsdach = Mittwoch.
Werden, Barmen. West-
falen, gunstag Kleve.
gôr = Kind. Göttingen. Ditmarschen, Südwestvorp.
Plur. dei gàrn Ditmar-
schen. joähr Prenzlau,

järe Oderbruch. Vgl.
ndl. mundartlich. guus,
gunze (uu = î) = Kinder.
Leopold. Van der Schelde
I, 104, 107, 117, 119, 137.
gräpe, f. Mistforke. Paderb.,
gräepen. f. Nordthür.,
greepe Sächs. Niederl.,
Hildesheim, Fallersleben.
grälen = schreien. Ditmarschen. greuylen Ober-
yssel, grålen = sich un-
zufrieden äussern. Südwestvorp., grêle = weinen.
Nordthüringen. grålen
= rollen. knallen (vom
Donner, von der Peitsche).
Westfalen.
groapen = dreibeiniger
gusseiserner Topf mit
Deckel. Neumark. grapen
Ditmarschen.
gräs = Gras. Nordwestf.,
Münster. Diepholz. Sächs.
Niederl., grös. gräs.
Laren.
grinen = grinsen. lachen.
Ditmarschen. Göttingen,
Ukermark. Pommern.
grinen = weinen. Kr. Gel-
dern, M.-Gladbach. Kre-
feld. Sächs. Niederl. (Rijssen, Laren). Westfalen,
Diepholz. Königsberg,
Nordthüringen.

gróve = Begräbnis. Sächs. Niederl.

gungeln = betteln. Südwestvorp.

guorg (z. B. he döht so guorg. se sprack em guorgen an. utsaihen döhst du so dumm un so guorgen) wörtlich: gotterig. lammfromm. Münsterland.

güren = durchlassen (Staub. Körner). Sächs. Ndl.: güölen Westfalen.

gussig = feucht. aufgetrieben.

hägen. sik = sich freuen. Holstein. Meklenburg. Vorpommern. de håg = die Freude. Vorpommern.

hänebalken = die Querbalken zwischen den Sparren. Westf.. Nordthür.. (Dänisch). hånholt Ditmarschen.

häwen = Himmel. Bremen. Holstein. Meklenburg. hiäwen Westfalen.

hëneklaid = Todtenkleid. Hunsingo-Groning.

hiël = Kesselhaken. Kr. Geldern.

hilve = Stiel. Westfalen. (Bochum).

himmel = schön. rein. Hunsingo-Groning.

hoiwet = Haupt. Paderborn, heuf Sächs. Niederl., hoft Oderbruch. Altmark, höhwt veeh Meklenburg. Usedom.

höllenter = Hollunder. Werden. hollern Westf.

höllich = trocken. Nordthür.

hôppe = Trompete. Rijssen.

hoaze, höze = Strumpf. Sächs. Niederl., hös Kleve. höfe Lippe. huafe Westfalen.

hunkhus = Kernhaus. Fallersleben. hünkelbåin Ravensberg.

hüx = Kröte. Südwestvorp.

hummel = Rinderart ohne Hörner. Südwestliches Oldenburg. Münsterland.

huste = Getreidehaufen. Werden.

Ilenspe'el = Eulenspiegel. Neumark.

illderbeste = allerbeste. Danzig. Oderbruch. Braunschweig. illerschönste Meklenburg.

illing = Iltis. Oderbruch.

ilk Fallersleben.

Imfe = Ems. So nördlich von Münster.

jelt = junges Rind. Kremper Marsch.

jatsch = Wunde. Kremper Marsch.

juüer = Euter. Ravensb..

ihr Mühlheim a. d. Ruhr.

jül = Thürschwelle. Blankenese.

jucker = Schaûkel. Werden.

kallen = sprechen. Elberfeld, M.-Gladbach, Enschede, Nordwestfalen (selten).

küdder=Unterkinn. Kremper Marsch, küddern = zanken. Paderborn.

káin = Uferdamm. Ostfriesl.

kein = Kiehn. Südwestvorp.

küken = stossweise wehen, de wind kükt. Südwestvorp.

kamp. m. = eingehegtes Feld. Gehölz. Westf., Ditmarschen. Altmark, Fallersleben; kämp = Erhöhung aus dem Wasser. Oderbruch.

kanker = Spinne. Nordthüringen.

karnailsname = Spitzname. Paderborn.

kater = Kater. Jever.

katééker = Eichhörnchen. Sächs. Niederl., Westf.

käweln = loosen. Südwestvorp.

käwel = Käfer, säbel. Hildesheim.

kempe = Eber. Fallersleben.

kessern = in die Flucht schlagen. Meklenb.

ketschen, für = Feuer schlagen. Mühlheim a. Ruhr, vier kissen Ndl. mundartlich.

kîker = Gucker. Nordthüringen.

klåwer = Klee. Westf., Sächs. Niederl., klever Fallersleben, Ditmarschen.

klyse=Klette. Fallersleben.

klônen = klagen. Fallersleben, klånen Pommern.

klüwern = grübeln. Südwestvorp.

knütern = kleine Arbeit in Holz machen. Südwestvorp.

knutte = Samenkapsel. Westf., Nordthür.

knütten = stricken. Ditmarschen, Neumark.

knüll=Grasplatz. Ditmarschen.

kodde = Ferkel. Südwestf., Münsterland.

kolk = Strudel. Westf., Barmen., kulk Fallersleben.

kolkrawe = grosse Rabenart. Westf.. kulkrawe Fallersleben.

köter = Käthner. Göttingen.

küater Westf.. kotz Mekl.-Strelitz, Ukermark.

koi, köt, kåut. die Vorderseite des Fischerewers (Blankenese im 18. jh., nach Clement).

könne = Riss in der Haut. Nordthüringen.

koben. m. Schweinestall. Fallersleben.

köuchel = Kegel. Werden.

kowent = Runkelrübenbier. Neumark.

krēgel = munter. Fallersleben. Göttingen. Barmen. Nordthür.. kriegel Westfalen. Sächs. Niederl.

krôs. m. Krug. Ditmarschen.

kraus Fallersleben. Südwestf..Münsterland. Paderborn. krus Flämik.

kroane = Kranich. Oderbruch. kreone Ravensb.

kröp, n. = Vieh. Fallersleben.

krüd = Mus. Südwestvorp.. krint Westf.

kuilenkopp = Kaulquabbe.

küls = Schädel. Paderborn.

kummst = Kopfkohl. Westf.. Königsberg.

küren = reden. Barmen, kuüren Westfalen. kôren Diepholz, kären Magdeburg.

küfe = Backenzahn. Göttingen. kufentand Westfalen.

küfe, f. Keule. Stock. Mühlheim. Sächs. Niederl.

küfel = Kreisel. Ditmarschen. Pommern, Schönebeck.

kütern = eitern. Südwestvorp.

quantswis = zum Schein. Südwestvorp.

quekkewe = Queke. Oberyssel. quieke Westfalen.

quäckstart = Bachstelze. Pommern. Westfalen.

quesen = plagen. Meklenburg.

quickspring = Quelle. Paderborn.

quiffcke = Zwillinge. Fallersleben.

quuddeln = sprudeln. Südwestvorp.

låk. f. Niederung. Altmark.

laoksteen, laoten = Merkstein (ao = altem â). Twenthe. Behrns s. 61.

laog = Ortschaft. Ostfriesl. (Greetsiel). lôch. n. Jever, Munda. III, 141 und

423. l a u g = buurt. dorp
Groningen.
l å ü t e = Grind. Lippe-D.
l å f e n = träge einhergehen.
Pommern.
l a i p e n, n. = hölzernes Gefäss. Waldeck ; s å d -
l å ü p e n, f. = Gefäss zum
Säen. Ravensberg. Milch-
l ö p e n. Delbrück i.Westf.
a. 1757.
l e i = Sense. Ditmarschen.
l e y h n = blitzen. Krempe.
l e i n e n = leihen. Pommern.
Westfalen.
l e e g = schlecht. Meklenb.-
Strelitz. Fallersleben.
l ê j = niedrig. Krefeld. l ê c h
Altmark. Flämick.
l i p e n = schreien. Hunsingo-
Groning.
l o i͜e = träge. Ostfriesl., l e u
Jever.
l o c k = Strauch. Paderb.
l o r c k = Kröte. Fallersleben.
l u c k = Verschluss. Kleve.
l u k e n = aufziehen (z. B.
Rüben). Westf., Diepholz.
l û m e = Eiswuhne. Oder-
bruch.
l͜ü s c h = Schilf. Meklenb.-
Strelitz.
l û t e n. adv. = niederge-
drückt von Empfindlichkeit
und Überraschung „ h e

w u o r d e l ü ü t e n , k e e k
l ü t e n ". Münsterland. Ä
l ü t. l ü t! fehlgeschossen!
Paderborn. Es gehört
wohl zu got. liuts heuch-
lerisch.
m ä e k u m! Lockruf zu
Kühen. Nordthür., m e a
k u m! Westfalen.
m a l l = närrisch. Ditmarschen, m a l l e n = oft
wechseln. vom Winde. Süd-
westvorpommern.
m a l k = jeder. Gladbach,
Krefeld.
m a n = aber, nur. West-
falen, Bremen. Göttingen,
Altmark, m ä n , m ä n t
Paderborn, m a n t Solling.
m a r. m â r. m â r = aber.
Niederrhein. m ä r Elber-
feld. Diepholz.
m e i d e n = mieten. Vorpommern. Westfalen.
m ä j e = Meth. Fallersleben.
m i f e l n = fein regnen. Kremper Marsch.
m y s t = dicker Nebel. Fallersleben.
m o j e. m o i e = schön. Osnabrück, Kleve, Kr. Gel-
dern, Bremen. Ostfriesland.
m o c k e n = Suppenbrocken.
Barmen.
m ö s c h e = Vögel. Kr. Kem-

pen, = Sperlinge. Krefeld.
Kleve.

mutern = putzen. Südwest-
vorpommern.

mutz, Huhn ohne Schwanz.
Nordthür.. Pfeifen-
stummel. Westf.. motse.
Oberyssel.

neitern = wiehern. Krem-
per Marsch. najjen Ra-
vensberg.

niwweln = in kleinen
Stücken essen.

nype = genau. Fallersleben.
Westf.. nipp Meklenburg-
Strelitz. Ukermark.

nittern = schwellen. Nordthür.

nörriken = wiehern. Süd-
westvorp.

nös = Nase. Kleve. Sächs.
Niederl.

nücke = Tücke. Westf.,
Fallersleben.

nüst = Nest. Enschede. Groningen.

nuffen = träge sein. Süd-
westvorp.

ok. f. = oker im Brem.
Wb. Ditmarschen: üakse.
f. Westf.

öckern = beim Sprechen
anstossen. Vorpommern.

olf = Alf. Südwestvorp.

olmich = faul. Südwestvorp.

öme = Oheim. Werden.

ömmes = jemand. Kleve.

os = verschnittener Ochse.
Oldenburg.

öfen = schöpfen. Oderbruch.

ôschens = Anemonen. Süd-
westvorp.

oste. f. Rauchfang. Minden.

päge = Pferd. Fallersleben.

pedden = treten. Holstein.
Meklenburg. Ukermark.

pie. f. = Nachtrock. Dit-
marschen, Fallersleben.

pipen = küssen. Paderborn.
Soest.

plunnern = gerinnen. Pa-
derborn.

plüstern=zerzausen.Westf.

pogge. f. Frosch. Westf.,
Ditmarschen. Meklenburg.
Hinterpommern.

pogge = Schwein. Sächs.
Niederl.. de pocken =
die Ferkel. Emmerich.

poete=setzen. Kr. Kempen.

potten Sächs. Niederl.

pôte = pfropfen. Nord-
thür.. puaten = setzen
(junge Bäume). Westfalen.

prang. m. Knittel. Paderb.

prünen = schlecht nähen.
Fallersleben. Westf.. Vorpommern.

püddeln = auswählen. Pa-
derborn.

p u s s = Kuss. Neumark.
p u s s e n = küssen. Ukermark.
p u f f e l n = unbedeutende
Arbeit machen. Südwest-
vorpommern.
p ü t t e = Brunnen. Mekl.-
Strelitz. p i t t e Neumark.
püt. m. Westf.. == Pfütze.
Ditmarschen.
p ü t j e b l i c k = Wachtel.
Jever. k ü t k e b l i c k
Westf.
r a l l ö g e n = die Augen ver-
drehen. Vorpommern.
r a h m e n = nachsinnen. Diepholz.
r a m m e s k o p. Pferdekopf.
wie ihn die Holsteiner
Pferderasse hat. Nord-
thüringen. In Westfalen:
e n h o l s t e e n e r.
r o a m = Russ. Oderbruch.
r a r e n = schreien. Meklenburg. r o r e n. Pommern.
r e i n i g e = Gemüse. Paderb.
r e i m = Schnitte. Paderb.
r e i p = Strick. Westf.. Vorpommern.
r e c k = Unkraut. Sächs.
Niederl.
rye. f. Wassergraben. Fallersleben. Nordwestf.
r o b e = Kruste. Fallersleben.
r a ü b e n, f. Ravensberg.

r o i s s e = alte Kuh. Paderb.
r u s c h = locker. Kremper
Marsch.
r ü s c h = Binse. Ditmarschen,
r ü s k Westf.
r u u t = schorfig. Oberyssel.
s a k n e n = vermissen. Angeln.
s a r g = Steintrog. Barmen.
z o a r = trocken. Oberyssel.
s å t e r d a g Diepholz. Westfalen, Deventer, Mühlheim,
s o t e r s d a g Barmen.
senter = seit. Kleve.
s e i s s e = Sense. Westf.,
Hildesheim. Fallersleben.
s e i w e r n = geifern. Vorpommern.
s î d = niedrig. Vorpommern,
Fallersleben. s î d e Nordthür.
s î k , n. = Thal. Westf.,
Braunschweig (Kreiensen).
s i l = Schleuse. Sächs. Niederl., Nordseeniederd.. Altmark.
s î p e n = sickern. Südwestvorpommern.
s i s t e r c h e n = Schwägerin.
Nordthüringen.
s c h a b b e = Gartenschaufel.
Oberyssel.
s c h a r p h a f e = Igel. Ravensberg. Rijssen.
s c h a p e n = Pfanne. Kremper Marsch.

schaulleoken = schullaufen. Paderborn.
schanne. f. Achselholz. Fallersleben.
schat = Sterz. Werden.
schäuf, n. das Schaub.
Ravensb., schaub Nordthüringen.
scheedling = Grenze. Neumark.
schoätter. Mädchen. Paderborn.
schoaken = Beine. Westf.
schleet. junge Fichtenstämme. Ditmarschen, Ukermark.
slink = Einfassung. Fallersleben.
schlippen = entwischen. Südwestvorp.
schlom = Schelm. Meklenburg-Strelitz.
schlömen = schlemmen. Südwestvorp.
smôde = sanft. Münsterland. smuüe Ravensb.. smui. smeu Hunsingo-Groning.
schmölen = Tabak rauchen. Südwestvorp.
schmullen = sprudeln. Südwestvorp.
snaojn = (Bäume) beschneiden. Ostfriesl.(Greetsiel).

schnär = dünn. Nordthür.
snede = Grenze. Fallersleben.
sneeze = Fleischstock. Oberyssel. snôfe Münsterland.
schneeren = die Schlinge zuziehen. Vorpommern.
schnirten = spritzen. Südwestvorp.
schnöggern = schön. Angeln.
schnubbeln = straucheln. Südwestvorp.
schnurren = betteln. Südwestvorp.
soot = Brunnen. Ditmarschen. Vorpommern,Westf.
spallunken = herumtoben. Südwestvorp.
springh = Quell. Südwestf., Barmen, Hinterpommern.
spiet = Verdruss. Ditmarschen. Westfalen. Fallersleben.
schrêg = schräg. Kleve, Lüneburg.
schräten = schräg machen. Vorpommern.
stackel. m. kümmerlicher Mensch. Ditmarschen.
stangeln = mit den Füssen schlagen. Vorpommern.
stängen. stänken. das gewöhnliche Futter nicht

mehr mögen. Südwest-vorp.

stidde, f. = Stätte. Fallersleben. stye Westf.

stiden = aufgehen (von Teig). Vorpommern.

stöff = Staub. Kleve. Ravensberg.

stötherr, m. Pferdehirt. Altmark.

ströte, f. Gurgel. Fallersleben, struate Westf.

stuckung = Krampfanfall. M.-Strelitz.

stûr = stark. Oberyssel, Westfalen, Pommern.

sûdken = sanft. Westf.. Altmark. söd Ditmarschen.

zoel = faul. Oberyssel.

soese = Zauderer. Oberyssel.

swechte = Schwarm. Paderborn.

swên, m. Hirt. Fallersleben.

swähn Paderborn, swaine Ravensb.

schwäpen. schweepen = das Getreide fegen. Südwestvorp.

swie = sehr. Oberyssel, swiet Diepholz, Hoya, swuie Westf.

tache, f. Hündin. Fallersleben.

taite = Vater. Lippe-Detm.

tak = Zweig. Krefeld.

talle = munter, von Hunden. Diepholz.

tau, n. Webstuhl. Kleve, Krefeld. Minden, Lüneburg.

täwe, f. Hündin. Oldenb., Vorpommern, tewe, f. Paderborn, tiwe f. Westfalen, tiffe Oldenb.-Geest. Oderbruch. Fallersleben.

tebe, m. Hund. Fallersleben, Hildesheim.

tigen = anklagen. Vorpomm.

tillfauten = schlackern. Vorpommern.

to Till'n tiden = vor Olims Zeiten. Meklenburg-Strelitz.

tiin, ticne = Milchfass. Hunsingo-Groning.

tinne wieke, tint jor = zukünftige Woche, künftiges Jahr. Auch jint jor Paderborn.

toile, f. Hund. Paderborn.

tôken = künftig (t. wëke). Ravensb., Münsterland, Ditmarschen (tokum).

toagel = Schläge. Pommern.

to-y = links, tor by = rechts. Krempe.

tômig = leer. Westf.;

teumig. Oberyssel.

tônebank, f. Ladentisch. Münster.

van towes = nunmehr. Münster, Enschede, towes = durchaus. Münster.

tôt, f. Stute. Ditmarschen.

tåt Südwestpommern.

töute, f. = Blechgefäss,

tåt = Dülle. Südwestvorp.

trap=Treppe. Kleve, Westfalen.

trabanten = Kinder. Ravensberg, Nordthüringen.

trünneln = wälzen. Vorpommern.

tüschen = Stille gebieten. Vorpommern.

tubben=hölzerne Schüssel. Nordthüringen, = Gefäss. Fallersleben, Westfalen.

twall, n. Närrin. Meklenburg-Strelitz.

twôg = Zweig. Münsterland.

üggel = Scheusal. Paderborn.

nüfse, f. Kröte. Paderborn, Ravensb., ûtsche, f. Frosch. Fallersleben, Braunschweig.

ulen = uhlen. Holstein, Pommern.

ulk, m. Iltis. Enschede, uulk Oberyssel, ülk Altmark, Werden, ölk Kleve.

unnasch = unreinlich. Krempe.

unnerkötich = schlimm. Neumark.

unfelig = sudelig. Paderborn, Münster.

unwîs = verrückt. Westf., Usedom.

ürt = Stroh. Südwestvorpommern. Gilow s. 24.

wådeln, Holz zu einer bestimmten Zeit hauen. Südwestvorp.

wachten = Wogen. Hunsingo-Groning.

wadike = Molken. Oderbruch. wäke Nordheim, wakkemelk Ryssen, wakke Ravensberg.

wacker = schön. Westf., Goslar.

wäke = Eiswake. Fallersleben.

waal, adv. = wohl. Oberyssel, Krefeld. wal Ravensb.

wålen = wälzen. Vorpommern.

wanne=Grenze. Göttingen.

wanneke = Gänsefeder. Rijssen.

wane = sehr. Paderborn.

wannengôr = Maulwurf. Münsterland.

wäu, f. Wiene. Vorpommern, wiene Ravensberg.

wârt = Enterich. Oldenburg. Bremen.

wäting = Enterich. Greifswald, Barth.

warp = Halbwollstoff. Ditmarschen.

wafen = Reisig. Fallersleben.

wiek = Enterich. Rijssen, wik Nordwestf.. wähk Diepholz, wäke Oberyssel. Gallée. Vgl. ndd. Korrespondenzblatt VI. 15, 38. 51.

wäfen = den Wiesbaum festigen. Vorpommern.

wêden = jäten. Lüneburg.

welle. f. Haferbrühe. Fallersleben.

wellen = kochen. Südwestvorpommern. Westfalen.

weife = Garnhaspel. Nordthüringen.

weezeboom = Heubaum. Oberyssel. wiesbôm. Nach Halbertsma aus wedeboom. (?)

wiizemoor = Hebeamme. Oberyssel.

wicht. n. Mädchen. Paderb., Münster. Osnabrück. Diep-

holz, Ostfriesland, Twenthe, Groningen. Barmen, Elberfeld, Mühlheim a. d. Ruhr, Werden, M.-Gladbach, Kleve.

wölpe = junge Hunde. Fallersleben.

wraus = Rasen. Südwestvorp.

wreufen = den Saft ausdrücken. Südwestvorp.

wraggeln = wackeln. Vorpommern.

wrägeln = widersetzlich sein. Vorpommern.

wranten = verdriesslich sein. Vorpommern.

wreuschen = sich bemühen. Vorpommern.

wrimmstarten = mit dem Schwanze drehen. Vorpommern.

writen, inwriten = einwurzeln. Vorpommern.

wrümmeln = rund zusammendrehen. Vorpommern.

zibbe = Schafmutter. Fallersleben.

ziffemenneken = „Sprühteufel“. Fallersleben: siffemänken Westfalen.

Zusätze.

Zu § 2. Haren, Meppen, Lingen, Bentheim haben ā (*māken, hāfe*). Das å̄ *(hå̄fe, må̄ken)* geht südwärts bis Lathen an der Ems zwischen Papenburg und Meppen. Harlingerland hat å̄: *betå̄len, wå̄ter*. Zu § 4. An der Ems zwischen Meppen und Papenburg und in der Grafschaft Bentheim ist got. ai und iu : ëi (magyarisch ej) z. B. *stëin* = Stein, *dëinen* = dienen. Daneben ê im Praeteritum der i-Reihe: *ik blêw, schrêw.* Got. au ist ô: *brôd, lôf* = Laub. Umlaut ô (*lôwen* = glauben). Got. ô ist ou (wie in holländisch *woud* = Wald gesprochen): *houd* = Hut, *bloud* = Blut. Umlaut öi (*söiken* = suchen). Mittelniederdeutsches e ist durchaus ä: *kädel* = Kessel, *näyen* = neun, *bläwen* = geblieben, *de swäpe* = die Peitsche, *gäl* = gelb, *stälen* = stehlen. Mnd. o ist å̄: *hå̄pen* = hoffen, *knå̄ke* = Knochen, *lå̄gen* = gelogen. Als Umlaut zu å̄ steht ᵘa (event. ä): *küänink* = König, *müäle* = Mühle.

Zu § 5. Um Norden in Ostfriesland ist mnd. ê (sei es got. ai oder iu): ê z. B. *dêp* = tief, *dêlen* = teilen, *flêgen* = fliegen. Got. au ist ô (*dôd* = tot). Got. ô ist ebenfalls ô mit Umlaut ö z. B. *fôt, fôlen*. Mnd. ē = westfälischem ia, ie ist stets ä z. B. *äten* = essen, *wäsen* = gewesen, *gäl* = gelb, *dräwen* = getrieben, *kätel* = Kessel. Mnd. ô (ä) ist ä, mit dem Umlaute å̄ z. B. *bå̄wen* = oben, *nå̄men* = genommen, *de mål̄en* = die Mühle.

5

äwer = über. Altes (jetzt tonlanges) a ist å: *de håf'*
= der Hase. Ganz dieselben Laute herrschen um Jever.
Im Harlingerlande sind beide mittelniederdeutschen ô : ô.
Jedoch hört man auch äo == got. ô z. B. *häod* = der Hut.
Statt des herrschenden ä = mnd. ê hört man vereinzelt
eä, ea (*da hewir irk weafen* = da bin ich gewesen).
Zu § 5. Das für Delve und Lunden angegebene
matte au und eu = altem au und ô gilt nur für einzelne
Distrikte von Ditmarschen. In Marne z. B. spricht man
dôd = todt, *de fôt* = der Fuss, *fôlen* = fühlen.
Zu § 6. Nach Ph. Wegner in den Geschichtsbl.
für Magdeburg XIII, s. 3 ff. im ganzen Nordthüringgau,
den die Saale, Elbe, Bode, der Bruchgraben bei
Gross-Oschersleben, das Braunschweigische, die Ohre
resp. der grosse Forst begrenzt, für ê = altgerm. â im
Praeteritum der ablautenden Verba mit a-Stamm âi, âe:
wi kâimen, kâemen. Für as. ê = mhd. ie : âi (*spâigel,
dâinst*). Für altgerman. ai, as. ê : âi (*klâin, stâin*). Got.
au ist in diesem Gebiete ô. Jedoch hat Mieste im
Drömling, Neu-Ferchau und Köbbelitz ôu (*grôut* = gross).
Dieselben Orte haben ëi = mnd. î in *wëi* = wir, *mëi* =
mich, *dëi* = dich und *bëi* = bei (Wegner s. 7). Got. ô
aber ist oau, mit dem Umlaute oai z. B. *bauck, schoaule,
soaite* = süss, resp. *saite* oder *saiete*.

Das au und ei zieht sich am Südwestrande des
Drömlings entlang nach Etingen, Flechtingen, Lemsell,
Süpplingen. Innerhalb des Drömlings geht es bis zur
Ohre von Oebisfelde über Bergfried, Niendorf, Wedden-
und Wassendorf; auch in Mieste und Miesterhorst jenseits
der Ohre tritt es auf, aber als ôu und ëi. Uthmöde
auf dem rechten Ohreufer bietet au und ei. Auch bei
Neuhaldensleben überschreiten die Diphthonge die Ohre,
sie dringen bis an den grossen Forst; Neuenhofe spricht
au und ai, während im Osten des Forstes Dolle, Burg-
stall, Sandbeiendorf, Bertingen, Cobbel, Angern ô und

ê bieten. Auf dem Elbwerder bei Schönebeck und Ranies, also auf dem rechten Elbufer, ô und é; ebenso in Rogätz ·an der Ohremündung, auf dem linken Ufer. — So scheidet die Ohre, der grosse Forst und die Elbe das diphthongische Gebiet im Osten und Süden von dem monophthongischen.

Zu § 6. Über mnd. ë (= älterem a, â, e und i) sagt Wegner a. a. O. s. 171 f. unter anderm: In Olvenstedt wird im allgemeinen jedes tonverlängerte e zu ē z. B. *mēkn, frētn, lēfe, bēe*. Doch tritt ǟ ein 1) vor den Lautverbindungen rn, rd, rl *(pärt, stären, kävel)*. 2) Als Umlaut von altem a *(blatt : bläder)*. 3) Die Substantive auf -ler und -ner haben den Laut ä *(fichelär* = Schmeichler, *Häppnär)*. 4) Das *-leben* in den Ortsnamen wird zu *-lä*. 5) In *wäer* = wieder, wohingegen *wēder* = Wetter. 6) In allen Lehnworten aus dem Hochdeutschen herrscht ä: *där, wär* u. s. w. „. . . Über Groppendorf hatte Herr Pastor Scheffer daselbst die Güte mir zu schreiben, dass jetzt mehr und mehr die Aussprache ê statt ä durchdringe". (Wegner s. 174.)

Zu § 6. Genaue Angaben über die Südgrenze des Mundartenkreises IV gegen das Mitteldeutsche findet man jetzt bei H. Haushalter, die Sprachgrenze zwischen Mittel- und Niederdeutsch von Hedemünden an der Werra bis Stassfurt an der Bode. Mit einer Karte. Halle 1883 bei Tausch. 8". 21 S.

Zu § 7. Um Büren, östlich von Soest ist gotisches au : au z. B. *knaup* = Knopf, *hauge* = hoch, *slaut* = Pfuhl, *austern* = Ostern. Aber östlich von Büren auf dem Sindfelde: äu *(knäup, häuge, äustern)*. Dort ist altes û : êu *(êut* = aus, *lêune* = Laune, während dasselbe um Büren iu lautet. Westfälisches iä und ie = mnd. ē scheint um Büren noch festzustellen *(driägen* = tragen, *riepen* = rutschen, *siedel* = Zettel), aber westf. uo wird

5*

schon fast wie ŭ gesprochen z. B. *wünen* = wohnen, *stukern*
= stochern, *büne* = Bodenkammer. Daneben *putte* =
Setzling (streng westfälisch: *wuonen*, *stuokern*, *büöne*, •
puate).

Zu § 7. Nach der Schrift von Oesterhaus „Iufe
Platt" ist in der Mundart um Detmold westfälisches ia
= mnd. ē gleichmässig ĕ und ē: *brecken*, *nwtten*, *se
sprecket*, *wetten* = wissen. Kirchdonop: *mätten*, *ätten*.
Und *wēge*, *ik drēge*, *wēfen* = gewesen, *hēben* = Himmel.
Man findet *wällig* = wählig. Westf. ie = mnd. ē ist
ziemlich gleichmässig ı und ĕ (westf. íĕ erscheint südwärts zuerst in Schlangen bei Lippspringe): *bieke* =
Bach, *wienen* = gewöhnen, *giegen* = gegen, *ifel* = Esel,
gieben = geben, *bieben* = beben, *niebel* = Nebel, *blieben*
= geblieben, *lieïn* = gelitten. Neben *seu spellt* = sie
spielen, *werke* = Woche, *steckel* = steil, *nettel* = Nessel,
sebben = 7. Westfälisches ua ist ó oder ö: *oppen*, *stollen*,
brocken, *droppen*, *versoppen*, *genotten*, *hoppen*. Neben: *boën*
= geboten, *öben* = Ofen, *böben* = oben: *abber* = über.
Westfälisches üö klingt ü in *drühnen* = dröhnen, *stühnen*
= stöhnen, *dühr* = Thür, *ühren* = ihren.

Zu § 8. Als Umlaut zu å = altem â lässt sich am
Niederrhein, in den sächsischen Niederlanden, in Westfalen, in Ditmarschen und in Meklenburg-Schwerin (bei
Nerger) ä konstatieren. Einzelne Mundarten scheinen
aber dafür å eintreten zu lassen. So heisst es in der
Ukermark: *schåpken* = Schäfchen, *påle* = Pfähle. In
manchen Gegenden haben die hierher gehörigen Worte
überhaupt keinen Umlaut. Man sagt *de schåp* = die
Schafe, *de pålen* = die Pfähle.

Zu § 9. Nach Wegner s. 173 ist mittelniederdeutsches
e durchweg ä in der Altmark, in den Dörfern des grossen
Forstes und in der Gegend zwischen Brandenburg, Nauen-
Rathenow, wo der Laut als eä bezeichnet wird.

Zu § 9. In Walchow bei Fehrbellin ist altes
au und ô : ô z. B. *doet* = tot, *kroech* = Krug. Auch vor
r bleibt ō z. B. *pört* = Pforte. Umlaut zu beiden ô ist
ö: *he fölt, de höner, de schtöl', löwen*. Mittelniederdeutsches
ê ist stets ee: he *kreech, keek, leep. lewe* = liebe. Altes
â ist å: *hoar* = Haar, *schtroat* = Strasse, *quoal* = Qual.
Altes a wird tonlanges å in *woater, moaken, roader,
schmoal, goar, noam'* = Name. Mnd. ē ist ä und auch
eä: *gläf'* = Gläser, *veäl* = viel, *heämd* = Hemd, *schteäjen*
= gestiegen. Wie in vielen Mundarten dieses Kreises
steht à = älterem o in *schpälen* = spielen, *väle* = viele.
Mnd. ō ist å: *båben* = oben, *schpräken* = gesprochen,
åpen = offen. Sein Umlaut ist å, geschrieben öä: *föän*
= Sohn, *de döär* = die Thür, *öäwer* = über, *böän* = Bühne.
Seebeck, Kr. Ruppin: *läwen* = leben, *jäwen* = geben,
schtäbeln = Stiefeln, *kämen* = kommen, *verlären* =
verloren.

Ukermark (Röpersdorf bei Prenzlau): Got. au
und ô sind ô: *dót, bród, te höp, bók*. Umlaut ist ö:
föken. Durch folgendes r statt o: ū und statt e: ı z. B.
juat = fort, *fäat* = fährt, *wian* = waren, *iasten* = ersten,
riatein = 14. Mnd. ē ist ä: *räwen* = gerieben, *jäbel* =
Giebel, *fäten* = gesessen, *fälen* = Sielen, *päpa* = Pfeffer.

Zu § 10. Zu Carzin im Kreise Stolp scheint altes
ô-Umlaut ei zu sein z. B. *seit* = süss, *seiken* = suchen,
greine = grüne. Mittelniederdeutsches ê (aus iu) : ei z. B.
dei = der, *leiwe* = liebe. Ein i statt ü in *plicke* =
pflücken. Altes a ist tonlanges å z. B. *wåge* = Wagen,
jåge = jagen. Mittelniederdeutsches ē ist ä z. B. *säte* =
gesessen, *dräge* = trag! Mittelniederdeutsches ō (a) ist
å z. B. *vågel* = Vogel, *wåne* = wohnen, *kåken* = kochen,
bůwest = oberste, *se kåmt* = sie kommen.

Zu § 10. Die Aufsätze über die Volksmundarten
in der Provinz Preussen von Lehmann und Lilienthal in

den Preussischen Provinzial-Blättern Bd. 27, s. 5—63 und s. 193—209 wurden mir erst während des Druckes zugänglich. Nach denselben ist die plattdeutsche Mundart am reinsten: a) In Samland (zwischen Pregel, Deime und Ostsee), b) in einzelnen Teilen Litauens (um Gumbinnen, Insterburg und längs dem Pregel), c) in den Niederungen (Werdern) Westpreussens, besonders im Marienburger und Danziger, d) auf der Frischen Nehrung. Nächstdem: e) in Natangen (um Pr. Eylau, Friedland, Schippenbeil u. s. w.), f) in Ermeland (um Braunsberg, Mehlsack, Frauenburg, Rössel und Bischofstein), g) im Oberlande und teilweise auch im Culmer Lande und in Pomesanien (um Mohrungen, Pr. Holland, Saalfeld, Riesenburg, Culm u. s. w.).

Gotisches ô ist gewöhnlich ó *(bók, gód, blôd)*. Jedoch in und um Danzig au *(schau* = Schuh, *jaut* = Fuss). Auch in Samland kommt au vor. Nach Lilienthal (s. 198) spricht man um Frauenburg, Braunsberg und Mehlsack das ô wie ein dumpfes âu z. B. *dâuk* = Tuch, *blâud* = Blut. Aus der Danziger Nehrung wird *kleok* = klug, aus Natangen *fjaut* = Fuss, *schau* = Schuh notiert. Der Umlaut zu got. ô lautet in Natangen iâü, iai: *jâut, jait* = Füsse, *siâut, siait* = süss, *schaine* = schön. Lehmann bemerkt: „Der Nehrungsche und der Natangsche Dialekt nähern sich überhaupt in Bezug auf breitmundige träge Hervorzerrung der Vokale mehr der Westfälischen als der Niedersächsischen Mundart".

Gotisches au ist ô. Jedoch wird aus der Danziger Nehrung: *rok* = auch, *heoch* = hoch angeführt. „In Natangen geht ô in ein bald versteckteres, bald ganz offenes au über": *graut* = gross, *braud* = Brot, *loauepe* = laufen. Mittelniederdeutsches ê ist ê. Jedoch aus Litauen *stehldeif* = Dieb, *leiwer* = lieber, *veih* = Vieh. Um Natangen holländische Verlautung: *bjain, biain* = Bein, *liâwed* = liebes, *dai* = die.

Altes î ist î. In Natangen: *miänn* = mein, *wiäff* = Weib. *liäff* = Leib, *kjinga* = Kinder (vgl. sächsisch-niederländisches *kiner*).

Altes û ist û. Jedoch um Frauenburg und Braunsberg hört man vor dem û hie und da ein schwaches i: *lûd* = laut beinahe *lûd*. Natangen: *hiäde* = heute. In der Danziger Nehrung ist û: ûi, offenbar unter dem Einflusse einer holländischen Mundart: *beschnûwen* = beschnauben, *dûwen* = Tauben. *bûten* = draussen. *schnût* = Schnauze. *ût* = aus.

Mittelniederdeutsches ë scheint in der Regel ä zu sein: *äte* = essen. *blädler* = Blätter, *schläg* = Schläge. *läse* = lesen. *gäl* = gelb, *dräwe* = getrieben, *väle* = viele. *wäk* = Woche, *näme* = nehmen. *gäwe* = geben. *säwe* = sieben. *geschpält* = gespielt. „In Altpreussen. besonders um Königsberg. Elbing lautet es oft sogar fast wie a" (das bekannte preussische ä). In Natangen tritt für ä = westfälischem iä. ie der Laut iä auf: *giäwe* = geben. *liäwe* = Leben. *niähme* = nehmen. *pjiaird* = Pferd. *diäm* = dem. *piarkel* = Ferkel. *hiäbb* = habe, *hiäfft* = hat. *friait!* = fresset. sogar *iäck, ioeck* = ich. Auch grossenteils in Litauen iä: *giäwe* = geben. *liäwe* = leben.

Mittelniederdeutsches ô ist å: *schtåw* = Stube (Ermland). *kåme* = kommen. *knåke* = Knochen, *åpe* = offen. *kåke* = kochen. *båwe* = oben, *sål* = Sohle (Samland und Litauen). *koamt* = kommt (Natangen). In einigen Gegenden spricht man *knōke* = Knochen. in der Danziger Nehrung *wäne* = wohnen. in der frischen Nehrung *kneakr* = Knochen.

In den Niederungen heisst es: *ohld* = alt. *kohld* = kalt, *bohld* = bald. *wohlt* = Wald. *hohle* = halten. *spohlen* = spalten. Auf der Höhe *öld, köll, böll, wöllt, höllr, spölle* (Lehmann s. 20). Ganz derselbe Unterschied wurde oben § 5. f für die Mundart von Oldenburg einerseits und Jeverland andrerseits angemerkt.

Eintreten von i für ü:

„Niederdeutsches û wird fast immer ein gedehntes,
zuweilen auch ein geschärftes i": *hîser* = Häuser, *mîſ'*
= Mäuse, *diwel* = Teufel, *bidel* = Beutel, *schîn* = Scheune.
sîme = säumen, *tîg* = Zeug, *krîz* = Kreuz. Aus kurzem
ü: *sindag* = Sonntag, *rigge* = Rücken.

Eintreten von ê statt ô ist seltener:
Um Braunsberg und Frauenburg: *jêt* = Füsse, *kêpe*
= kaufen, *dêpe* = taufen, *sêt* = süss, *bêka* = Bücher, *drêj*
= trocken. Statt ursprünglich kurzem o: *êwer* = über.
schêtel = Schüssel.

Gern tritt in niederrheinischer Weise o und ö statt
u auf. Dies o scheint ziemlich allgemein zu sein: *poss*
= Kuss, *dorch* = durch, *worscht* = Wurst, *öm* = um. Um
Braunsberg: *onſa* = unser, *on* = und, *lostich* = lustig, in
der Danziger Nehrung: *onder* = unter, *domm* = dumm.
ons = uns. Im Oberlande: *klömpe*, *strömpe*.

In der Mundart von Mehlsack geht gemeinnieder-
deutsches â und o in ä über: *graf* = grob, *dachta* =
Tochter, *jaſs* = Fuchs, *kap* = Kopf, *stak* = Stock, *barn*
= Brunnen, *glak* = Glocke.

Wie am Niederrhein tritt e statt i auf: *bedde* =
bitten. *jesch* = Fische. Auch steht ö für i und ĕ: *wi*
sönd = wir sind, *he* *öss* = er ist, *örk* = ich, *öt* = es, *möt*
= mit, *knökske* = Knixchen, *frösch* = frisch, *jöf* = gieb.

Altes a = westfälischem tonlangen ā ist zwar nach
der gegebenen Regel in den meisten Gegenden å *(räder*,
måge, *håhn*, *går)*, namentlich in Samland, Litauen und
um Braunsberg: *måke*, *åp* = Affe, *wåke* = wachen, *påp*
= Pfaffe, *jeläde* = geladen. Jedoch ist die Gegend um
Danzig auszunehmen. „In und bei Danzig spricht man,
nach Lehmann durch niederländische Einflüsse, reines ā"
(måken = machen). In der Danziger Nehrung aber ea:
eaken = Sachen, *meaken* = machen, *kreage* = Kragen,
schneakssche = schnacksche, *schlean* = schlagen. Im Culmer

Land ist statt å : ō eingetreten (*döler* = Thaler, *gōr* = gar, *ōp* = Affe).

Altes â ist in der Danziger Nehrung ea: *neaber* = Nachbar, *breaden* = Braten, *verleaten* = verlassen, *de spreak*, f. = die Sprache. Zu § 11. Neumark (Schmarfendorf bei Schönfliess und Alt-Reetz im Oderbruch): Got. au ist ô (*dôt*, *lôn*, *nôt*), got. ô ist uo (*kruoch*, *duon*, *puol*, *buokweet*, *bruoder*, *fuot*) jedoch bisweilen noch ô: he *schlôch* = er schlug, *he begrôch* = er begrub, he *schtôk* = er steckte. In diesen Wörtern blieb das ô offenbar deshalb stehen, weil man es für ein anderes ô hielt als das in *duok* = Tuch. Umlaut zu diesem uo ist üö: *hüöner*, *klüöker*, *brüöder*. Daneben *süöken* = suchen. Altes â ist å (*schåpe*, *bråde*, *blåfen*). Altes a wird å: *de håu*, *de kåmer*, *måken*, *hålen* = holen. — Mnd. ê ist ê. Aber mnd. ê = altem iu ist in Schmarfendorf iä: *liäre* = liebe, *schiäten* = schiessen, *diänst* = Dienst. *diäp* = tief, *siän* = sehen. Vereinzelt ı und ü durch folgendes r: *ierschte* = erste, *lïren* = lehren.

Mnd. ê ist in den Proben aus Schmarfendorf in der Regel eä geschrieben: *eäten* = essen, *eäm* = ihm, *meäken* = Mädchen, *jeschneäden* = geschnitten, *jereäten* = gerissen, *eäven* = eben, *jeleäfen* = gelesen, *neäfe* = Nase, *queält* = quält, *reänjen* = Regen, *schleäje* = Schläge, *jeäl* = gelb, *jebeät* = gebetet, *leädern* = ledern, *breäen* = Gehirn, *neämen* = nehmen, *veäle* = viele, *en beäten* = ein bischen, *leäpel* = Löffel, *leäwen* = Leben, *schpeälen* = spielen. Mnd. ō ist å: *wånte* = wohnte, *kåmen* = kommen, *jebråken* = gebrochen, *jeschlåten* = geschlossen. Fast ganz dieselben sind die Vokale im Teltow, im Zauch-Belziger Kreise, in Alt-Töplitz bei Potsdam: *dôt*, *grôt*, *rôde*, *duön*, *tuö*, *he ruöpt*, *juödern*, *de knê*, *buökholt*, *bruöder*; *besuöken* = besuchen, *müöten* = müssen, *blümkens*; *schteen* = Stein, *diöper* = tiefer, *schiöten* = schiessen, *hiëten* = heissen; *mâl* = Mal; *wåter* = Wasser, *dâlder*

= Thaler, *mäken* = machen; *leüwede* = lebte, *jekreän* = gekriegt, *jeqneält* = gequält, *ik neüme* = ich nehme, *eäten* = essen, *leäpel* = Löffel; *kämen* = kommen, *wände* = wohnte; *nät* = Nüsse.

Zu § 13. In den Landschaften um Bentheim und Meppen bis Papenburg emsabwärts ist anlautendes s scharf (*singen*, *sünne* = Sonne). Altes anlautendes sk wird wie s-ch, s-g gesprochen, anlautendes altes g hält die Mitte zwischen g und ch. Man sagt *dwingen*, *dwars*. Das Endungs-e verharrt: *üse* = unser, de *häse* = der Hase. „Unser" heisst abwärts bis Papenburg *üse*, von Papenburg ab *unse* = unser. Dativ *uns* = uns. Das Vorschlags-e im Particip existiert hier nicht: *lägen* = gelogen, *docht* = gedacht. Man sagt *wi bünt* und *wi sünt* = wir sind.

Zu § 14. Im Harlingerlande und Jeverlande spricht man meist scharfes anlautendes s. Altes sk ist hier durchweg s-ch. Das ch wird kräftig wie im Holländischen gesprochen. Dies ch spricht man auch sonst in Wörtern wie *doch*, *nich*, *recht*. (Auf der Insel Spiekerooge vereinzelt noch wie bei Cadovius Müller *riocht* = recht.)

Für hd. anlautendes g hört man neben einander ch und g (*chöd* = gut, *geld* = Geld), jedoch ist ch stark vorherrschend. Die Endung -ed im Neutrum des st. Adjectivs wird an der Ems, um Norden, im Harlinger- und Jeverlande nicht gehört (*en junk pärd*).

Um Norden in Ostfriesland ist anlautendes s weich: *singen*. Altes anlautendes sk ist sch, wie im Hochdeutschen, nicht s-ch. Anlautend steht g, nicht ch z. B. *gans*, *geld* mit neuhochdeutschem g. „Unser" lautet *unf*. Der Plural des Praesens lautet auf -en, (*wi dansen*) wohl unter holländischem Einflusse.

Auf der ostfriesischen Seite des schmalen Grenzgrabens, welcher dieses Land vom Jeverlande trennt,

spricht man *de kójeu* = die Kühe. *gófeu* = Gänse. *voss'n*
= Füchse, *hun'n* = Hunde, *jöten* = Füsse, *játeu* = Fässer.
Auf der Jeverländischen *de keu*, *gôs'*, *vōss'*, *hünn'*, *jôt'*, *jāt'*.
Zu § 15. „In Süpplingen wird ein Laut gesprochen,
der mit wirklichem g² einsetzt, das bei der Explosion in
ein j² übergeht, also ein Laut g²j². So spricht man
g²j²aus, gjaaren, gjrôt, gjlik. Ebenso in Lemsell, Grauingen,
Flechtingen. Auch Mieste *gjot, gjróut.* Der Laut gj be-
gegnet nur im Anlaute." (Wegner a. a. O. s. 14.)
Danneil schreibt sw. sl, sm. Vermutlich hat er den
Gardelegener Dialekt bei seiner Orthographie allein im
Auge gehabt.

„Für den Nordthüringgau gilt im Allgemeinen die
Thatsache, dass der Norden und Westen den scharfen
s-Laut bewahrt, während der Süden, also der Sprengel
zwischen Elbe und Saale, sch annimmt; vermutlich durch
Einfluss des benachbarten Mitteldeutsch. Das erstere
Gebiet zerfällt jedoch wieder in drei Abtheilungen, nämlich 1) Dialekte, die in allen Anlautverbindungen altes s
bewahren, 2) solche die vor l und w allein den Übergang zu sch eintreten lassen, 3) solche die scharfes s
nur vor t und p bewahren. Zur ersten Klasse gehört
ein Gebiet, welches sich von der (Magdeburg)-Halber-
städter Chaussee an nach der westlichen und nördlichen
Grenze des Gaus bis zur Ohre zieht und in die unmittel-
bare Nähe von Magdeburg treten mag. Olvenstedt gehört zur zweiten Klasse, hier spricht man scharfes s
nicht vor l und w. . . . Die dritte Klasse bildet nach
Winter der Bode-Dialekt, mit Ausnahme von Wolmirs-
leben. — Der Dialekt also zwischen Saale und Elbe hat
sch, und auch im Inlaute *nischt, worscht, dorscht, ërscht.*
. . . Halberstadt hat scharfes s." (Wegner a. a. O. s. 27
bis 28.)

Zu § 15. Wegner a. a. O. s. 175 sagt: „Die durch-
gehende Neigung, das tonlose e am Ende des Wortes zu

wahren, findet sich im Osten bis zur Altmark. Rogätz,
Kröchern, Angern, Bertingen, Sandbeindorf behalten es
gleichfalls bei, während die eigentliche Altmark das auslautende e konsequent beseitigt, ohne doch die dadurch
an das Ende tretenden Konsonanten als Auslauts-
konsonanten zu behandeln, daher z. B. *lü* statt *lüde*. . . .
(in Holstein: *de lüd*). Im Drömling wird östlich der
Ohre in Mieste und Miesterhorst das e beseitigt: westlich
bleibt es, ebenso behält es Satuelle. . . . Beibehalten
wird e in Halberstadt, Schierke, Wernigerode und Umgegend, wie um Wasserleben und Veckenstedt, Quedlin-
burg, Gernrode, Ballenstedt, Radisleben, Gross-Alsleben,
Braunschweig-Wolfenbüttel, Grubenhagen-Göttingen, Stadt
Hannover mit Umgegend, Fürstth. Kalenberg, Hildesheim".

Zu § 15. „Die Formen *us, uhse* finden sich in Eils-
leben, Grauingen, in dem älteren Dialekte von Süplingen
und Flechtingen, in Mieste. In Wormsdorf *üsch*, Schierke:
use, usch. Braunschweig *üsch*, Kalenberg *use* (*uns* ist
hochdeutsch), Deistergebirge: *eis, unser* (?) *üsch*. Ältere
Mundart der Umgegend von Hannover: *use, eis*. Radisleben: *use, uns*. Es gehört vom Nordthüringgau der
Mundart mit beseitigtem n also der Norden und Westen
gegen Braunschweig hin". (Wegner a. a. O. s. 25.)

Zu § 17. Nach Wegner s. 175 wird das tonlose e
beseitigt in der Altmark, Kamern bei Sandau, Zehdenick,
Demmin, Brandenburg, Nauen, Rathenow.

Zu § 17. An- und inlautendes j statt g überall in
der Priegnitz und Ukermark (*jelt, berje, eijen*). In der
Ukermark ist auslautendes -er schon ä (*lita* = lauter, *kota*
= Kater). Abfall des tonlosen Endungs-e ist heute
Regel: *en ol kat* = eine alte Katze, *de krib* = die
Krippe.

tw statt dw in *he twalt* = er irrt.

Zu § 18. Zu Carzin im Kreise Stolp wird nd als
ng gesprochen in *bling* = blind, *hinge* = hinten, *ungest* =

unterst. „Unser" heisst *ûſe*, „uns": *us*. Auslautendes n
fällt ab in *wâne* = wohnen, *jûche* = juchzen, *bâwe* = oben,
sâte = gesessen, *dat pîpke* = das Pfeifchen, *de pîlkes* = die
Gänse.

Zu § 18. Anlautendes j statt g unter andern um
Braunsberg: *jeste, et jeit, jöſ* = gieb, *vajäte* = vergessen.
Auslautendes st wird scht (*erscht, därscht, worscht, nuscht*
= nichts).
Übergang von nd : ng herrscht in Natangen und in
den Niederungen: *jinge* = finden, *binge* = binden. *weng*
= Wende. *kjinga* = Kinder. Nach Lilienthal s. 204 wird
auch um Braunsberg „von den Landleuten an. en. in. on
und un oft ,nasal' gesprochen". Das tonlose Endungs-e
fällt in den preussischen Mundarten meist ab. Das
Neutrum des starken Adjektivs scheint in Natangen und
in Samland ed zu haben (*liäwed* = liebes, *dummeliged tig*
= dummes Zeug).
„Uns" heisst *ons* und *oss*.
Die Wörter zwingen, zwerg. quer haben *dw (dwarch,
dwinge, dwää)* in der Danziger Nehrung und um
Braunsberg.
„Das n in den Beugungssilben und namentlich bei
den Infinitiven fällt durchgängig weg (*gäwe* = Gaben,
holle = halten, *blohmke* = Blümchen, *äpe* = offen). Nur
die Volkssprache in Danzig und Umgegend behält wenigstens bei den Infinitiven das n regelmässig bei (*gäwen,
hollen*)." (Lehmann s. 29.) Nach Lilienthal fehlt bei
den Schiffern am Ausflusse der Passarie das n des aus-
lautenden -en nicht.
Die Verben *sehne* = sehen, *stähne* = stehen, *gähne*
= gehen, *done* = thun, hatten, wie im Osnabrückischen,
an den Infinitiv eine neue Endung -en angehängt.

Zu § 18. Lucas David Band IV, 132 berichtet von
den beiden Ermländischen Dörfern Santoppe und Heinrichs-

dorf, dass sie ums Jahr 1276 „mit Geldrischen und Jülichschen reisigen Knechten besetzt worden seien". Die Ermländer nennen ihre Sprache „breslauisch" und „käslauisch", mit jenem Ausdrucke den oberdeutschen, mit diesem den niederdeutschen Dialekt bezeichnend.

Zu § 19. Nach Wegner s. 176 verharrt tonloses Endungs-e um Aschersleben, Foerderstedt, Zerbst, auf dem Flämming, im Kreise Jerichow und wie es scheint auch in Oranienberg, Blumenberg und Falkenberg (bei Berlin).

Zu § 19. Bei Schönfliess in der Neumark, im Teltow und im Kreise Zauch-Belzig ist anlautendes hochdeutsches g : j. Überall lautet organisches nd wie n^g : *eängern* = andern, *bingen* = binden, *bunk* = band, *änger* = unter, *schtäng* = stand, *hinger* = hinter, *enge* = Ende. Das Neutrum des starken Adjektivs lautet auf *-et*. Man bemerkt Einschiebung von d hinter l in *dälder* = toller, *mölder* = Müller. „Nichts" heisst *näscht*, „das Handtuch" *de trele*, „der Quersack" *de twärbüdel*.

Zu *budden* s. 55. Rump, Westphälische Bauerngespräche. Lippstadt 1788 s. 87: „In der Grafschaft Bentheim, in Oberyssel und Drenthe ist das Paradies der ‚Budden'. So heisst man sie dort, die wir Hagestolzen nennen. Man findet hier leicht einen Hof, darauf aus zwei Generationen und bisweilen noch aus der dritten solche Budden und Buddinnen vorhanden sind. Diese Budden sind von Lichtmess bis Weihnachtsabend auf kleinen Hörsten in kleinen Hütten, ein jeder mit seinen Ochsen und einer melken Kuh."

Verzeichnis der Mundarten.

Lautregister.

Mnd. k anlautend 38.

Mnd. nd in- und auslautend
35. 38. 43. 47. 76. 78.

Mnd. n auslautend 34. 46
bis 48, 77 f.

Mnd. p anlautend 38.

Mnd. r auslautend 46—48.76.

Mnd. s anlautend 34. 40,
45, 74 f.

Mnd. sk 36. 37, 38, 40. 45,
74 f.

Mnd. sl. sm etc. anlautend
41, 48. 75 f.

Slavisches fch 45, 46.

Mnd. st 41. 48. 75. 77, 78.

Mnd. w anlautend 37. 43.

Mnd. wr anlautend 35. 43,
46.

Berichtigungen.

S. 22 z. 18 lies ĕ. ē und ä.

S. 39 z. 28 und s. 74 z. 27: Auch um Aurich und im Harlingerlande herrscht die Endung -en im Plural des Praesens.

S. 42 z. 20. Der „Hessewech" (nicht „via Hassica") in der unechten Bremer Urkunde führte nach Lappenberg (Adam von Bremen, Cap. XIII Anm. 12) von dem Dorfe Westen an der Aller über Hamelheide nach Gadesbünden.

S. 68 z. 10. In Lemgo spricht man bereits *mäten* = messen, *äten* = essen.

Inhalt.

Druck von A. Hopfer in Burg.

www.ingramcontent.com/pod-product-compliance
Lightning Source LLC
Chambersburg PA
CBHW031444280326
41927CB00038B/1616